Daniel Dubbe

Große Insel fernsüdlich

Reisereportagen

Publiziert bei
Edition Nautilus

Editorische Notiz: Daniel Dubbe, geb. 1942, lebt als freier Autor in Hamburg. Die hier erstmals abgedruckten Reisereportagen wurden für den Funk geschrieben und gesendet: USA (1978), NDR; Israel (1980), unveröffentlicht; Madagaskar (1982), HR und NDR; Costa Rica (1983), HR; Kamerun (1986), HR; Philippinen (1987), HR; Südkorea (1988), HR.

Der Autor widmet das Buch Dr. Peter Strauß vom Hessischen Rundfunk in Frankfurt/M., ohne den diese Reisen nicht möglich gewesen wären.

Außerdem dankt er herzlich Peter Faecke vom Westdeutschen Rundfunk in Köln, durch dessen Interesse der Etat der letzten drei Reisen erheblich aufgebessert wurde.

Originalausgabe
Edition Nautilus Verlag Lutz Schulenburg
Hassestr. 22 – 2050 Hamburg 80

1. Auflage 1989 · ISBN: 3-89401-149-1
Printed in Germany

US-Journal

Wie heißt das hier? Zentrum des 20. Jahrhunderts? 20. Jahrhundert? Haben wir noch das 20. Jahrhundert?

Mit 40, sagt der Sänger Richard Hell in einem Interview mit Susan Sonntag für die *Village Voice,* möchte ich es soweit geschafft haben, daß der Congress aufgrund meiner Reputation als Dichter bereit ist, mich für den Astronautenjob einzusetzen, weil ich schließlich ausdrücken kann, was da oben los ist.

Die höchsten Häuser von New York City: die beiden aluminiumfarbenen Stahltürme des World Trade Center, über 300 Meter hoch, Glas, Licht, Raum, tiefblaue Teppiche, Kirche des Kommerz, das perfekte Antidepressivum.

Eines Tages werden die Touristen nach New York fahren wie zu den Pyramiden. Unglaublich, was in dieser Stadt aufeinandergeschichtet worden ist.

Auf jeden Fall eine gute Gelegenheit, die eigenen Sehweisen zu überprüfen. – Ich habe eher das Gefühl, daß sie mir weggerissen werden. Eine Reise in die USA ist der Entzug des Denk- und Urteilfilms, in den man in Deutschland selbstverständlich eingeschlossen ist. Das kategoriale Mürrischsein, bohrende Suche nach dem letzten Grund, Infight zwischen 'Reaktion' und 'Fortschritt' und das schlechte Gewissen irgendeinem Objektiven gegenüber, das alles bekommt plötzlich keinen Nachschub mehr.

Eine europäische Schickeria ist schon da, trendige, polyglotte Angestellte, kokainköpfige Filmer.

Ich ärgere mich, daß man meine Langsamkeit kritisiert, d. h. sich über sie lustig macht – die Tölpelhaftigkeit des Provinzlers.

„Du bist so unbeholfen." – „Du bist so weggetreten." Und dann lese ich *The Philosophy of Andy Warhol* von Andy Warhol:

„Schon als Kind wollte ich immer so schnell wie möglich sein, und so versuche ich noch heute, alle Sachen schnell zu erledigen. Ich schlafe schnell: bloß mal kurz ein Nickerchen. Auch in der Liebe muß es schnell gehen. Das Beste ist eine Affäre für eine Nacht. Schnelle Amerikaner sind die glänzendsten Leute. Sie sehen und begreifen schnell – und sie machen schnelles Geld."

Schnelligkeit: sich nicht in einem Problem verkrampfen, einen *hang up* haben, wie sie hier sagen, sondern – was jetzt gilt, ist im nächsten Moment verwandelt. Auch die Schnelligkeit, wenn einer dem Aufgeregten zuruft *slow down, man!* Schnelligkeit, die nach europäischem Urteil Verdrängung wäre (der Probleme) und Oberflächlichkeit (als angebliche Eigenschaft des amerikanischen Charakters).

Es gibt nicht nur U-Bahnen, sondern auch Expreß-U-Bahnen, die schaukeln und scheppern mit einer solchen Geschwindigkeit durch die Schächte, daß ich bei dem Anblick der übermüdeten Gesichter das Gespenst eines kapitalistischen Molochs auftauchen sehe, der die Leiber unterirdisch verschiebt zu gnadenlosem Profit, eine Brechtsche Vision.

Jointverkäufer auf der Fähre nach Staten Island, für mich ist das im Moment nichts, aber es beruhigt doch zu sehen, daß es nicht nur *Time Magazin* gibt, sondern im selben Format und mit dem einzigen Thema Droge (außer Heroin) *Hightimes,* mit teuren Vierfarbanzeigen der Zigarettenpapierindustrie. Im Büro eines Buchverlages, den man als bürgerlich bezeichnen könnte, rauchen die sehr jungen Herausgeber den Feierabendjoint. Der und der, heißt es, ist den ganzen Tag auf Kokain. Partyjoint, bringt, daß man sich maximal austauscht. Du gibst, was in dir steckt, nicht weniger.

Alles nur momentan. Aus dem Moment gibt es kein zurück. (Das wäre das Ende des Schreibens.) „Es ist indezent, über die Vergangenheit zu sprechen", auf solche Gedanken komme ich in New York. „Je älter ich wurde, um so weniger interessierte mich die Vergangenheit!" Nur die Gegenwart zählt, die Momente, wo *es* zum Stillstand kommt. Was – es? Gar nichts mehr. Erinnerung, wozu? Ein bloßer leerer Kreis des Sinnlosen, einfach Leerlauf, am besten auch keine Worte mehr, sondern nur noch Grunzlaute.

Und so ist diese Amerikareise eine Heilung durch die Gegenwart, keine *hang ups,* an die man sich ernsthaft fixiert, die da bleiben, weiter Sorgen machen, nichts Zähflüssiges mehr, in dem man überzeugt weitermacht.

Über die Zugänglichkeit: „In England sehen die Leute an dir vorbei“, sagt jemand. „They just ignore you. Here, they look into your eyes. What did you say? What do you want? Straight!“ Eine weitere Notiz: Diese Nation ist nicht so handlungsgehemmt, nicht ganz so neurotisch wie Europa oder Deutschland. Es gibt schnellere Reaktionen aufeinander zu, und das stärkt mich in diesen lebenswichtigen stummen inneren Momentüberzeugungen: daß ich nur ohne Vorgedanken auf den Nächsten zugehen müßte, und er würde sich verhalten, wie ich es brauche.

Die Leute sind einfach offen und interessiert, notiere ich zuerst, und dann beim Frühstück (Hot bread with Schmier) erweitere ich: Die Leute sind einfach solange offen und interessiert, wie ich es selber bin.

Was in Deutschland so schlimm ist: die Verurteilung zur Dummheit (und Stummheit), weil alles andere Normabweichung wäre, Abweichung von dem schon lange im voraus als richtig Erkannten und „gar nicht drin“.

Der Wunsch nach Hellsicht und vollkommenem Austausch ist ein Rauschprodukt. Es ist ein merkwürdiges Gefühl zu hören, daß die gesprochene Sprache plötzlich poetisch ist, ein seltener Vorfall, wie ich zugeben muß, das Ergebnis einer totalen Überreizung.

Sonne auf der Seventh Avenue. Poetry is to loose one’s personality. Nur noch Kreuzung der Einflüsse zu sein. Der Mythos der freien, vor allen Dingen sexuell freien Persönlichkeit, inzwischen schon ein wenig verstaubt und lange von Paris verkörpert, taucht hier wieder auf, auch der urbane Mythos der *surprise,* der faszinierenden unwahrscheinlichen Begegnung, Bretons Nadja! Es ist wahr, daß die Frauen aussuchen. Nicht wahr, daß New York ein chaotischer Platz ist.

Sie fechten Meinungsverschiedenheiten wirklich mitten auf der Straße mit der Faust aus. Der Verkehr muß warten, was er auch ohne große Aufregung macht, bis diese beiden Männer ihre Sache erledigt haben.

Die Lager- und Distributionsgegend am Hudson River liegt nur wenige Straßen von Greenwich Village entfernt. Die hart arbeitenden Leute direkt neben den schwulen Blumenverkäufern. Alter Eisenhighway, Lagerschuppen mit Höhlenfenstern. Was an Gebäuden nicht mehr gebraucht wird, verfällt. Die Städte werden nicht wie in Europa gleich ausgesäubert, mitten im Finanzdistrikt ein einstöckiger Bau mit einem sinistren Laden, die erste Etage für nichts mehr gut.

Als ich die hart arbeitenden Leute sehe in der gigantischen schmutzigen Zersiedlung, denke ich wütend an die Gleichheit, die zu wünschen wäre. Nicht mehr: der Smarteste setzt sich durch und: es kann nicht anders sein. Ein Sozialist bis zur nächsten Straßenecke. Es ist bloß eine Repertoireidee, ein Reflex, kurzfristig.

New York ist so begeisternd lebendig, daß es dich durcheinanderkickt. Der Exzeß der ersten Begegnung läßt die übertriebene Hoffnung auf ein verändertes Verhalten entstehen, in dem es keine Erinnerung mehr gäbe an das Neurotisch-Depressive, dies ganze lähmende System von Mitteilungen, in dem Europa sich festgefahren hat.

Ich bin einfach zu lange in New York, denke ich, und jetzt gehe ich davon aus, nirgends lange zu bleiben. Es soll nur vorwärts gehen durch den Raum. Ich bin periodisch depressiv. Aber ich will mich auf keinen Fall lange in diesem Gemütszustand aufhalten. Reisen ist so etwas wie eine systematische Hoffnung auf die Zugänglichkeit von Menschen.

Beim Trampen nehmen dich alle möglichen Leute mit (das ist wahrscheinlich der Reiz dieser altmodischen Fortbewegungsart), und du sprichst die ganze Zeit; Geschäftsleute in großen geräuschlosen Wagen, die automatisch ohne Gaspedal im exakten Speedlimit von 55 Meilen laufen, air-conditioned und alle zwei Jahre neu mit plausibler Begründung; truckdriver, die tatsächlich ihre 40 Tonnen für dich anhalten; der Arbeiter, stolz auf das 100-Dollarticket, das man ihm schon verpaßt hat wegen zu schnellen Fahrens, und der allmählich doch so besoffen ist, daß er lieber einen der drei Tramper ans Steuer läßt, die er aufgelesen hat, wo er sonst nie welche mitnimmt; der Mann aus Kalifornien, vom neuen Geist bestimmt, einer utopischen Menschlichkeit von der Basis her, haut seinen Wagen aus der bepackten City-Autobahn auf den Fußweg.

Der Hotelmanager, der aufs Zimmer kommt, um sich nach Deutschland zu erkundigen, knöpft sich langsam die Hose auf, wobei er mich aus resignierten, rotgeränderten Augen anstarrt, und stopft umständlich das braune Hoteluniformhemd in seine Unterwäsche.

„Jeden Tag geht es von zwei bis zwei."

„Why not freak out?"

„Couldn't hold my car."

„Sell it."

„But I love my car. Just bought a new one."

Im Motel abends verhaltene Einsamkeitspanik. Mit einem long distance call würde ich mich besser fühlen.

Zwei Frauen nehmen mich mit. Als sie den Highway verlassen wollen, sagt eine: „I'll get you a ride", schaltet das Funkgerät ein, gerade überholt ein truck, der fährt gleich rechts ran zum Umsteigen. „Es gibt auch Tramper mit Funk", sagen die Frauen.

Virginia, North- & Southcarolina, Georgia: Wald. Schnelle Fahrt vom Frühling in den Sommer.

Ein Mädchen, Jammy Brunopp, liest mir im Hamburgerrestaurant aus der Bibel vor. Sie ist überzeugt, daß Jesus bald kommt. Wahrscheinlich noch in diesem Jahr. Die Bibel findet sie poetisch. Aber wichtiger als *was* sie sagt, ist die Geste, einen Fremden anzusprechen und zu ihrem Gottesdienst einzuladen.

Fürs 160jährige Bestehen dieser Kleinstadt in Georgia ziehen die Einwohner alte Kleider an und holen Oma Ducks Ford aus der Garage. Noch nicht lange her, daß die Leute, die ihr Land satt hatten (was uns verbindet), herkamen. Sie sehen schrecklich aus mit ihren Strohhüten, in Familien verklumpt.

Unglaublich schöne, etwas verwahrloste 'viktorianische' Holzhäuser mit weiten Veranden, Balkonen, Brüstungen und Pfeilern aus gedrechseltem Holz. Steinstufen, die nirgendwohin führen. Blühende Sträucher, lila und rot. Ich möchte in Holz wohnen, weil es knackt ('arbeitet').

Warum vergrabe ich mich in dieser kleinen Stadt, stoppe das Tempo? Weil ich meine, mich ausruhen zu müssen, deutscher Lebensreduktionszwang, den Kopf voller amöner Ideen von Schönheit und Stille. Wahrscheinlich besser, irgendwo zusammenzubrechen.

1 Neger der in weinroten Bermudas &
          weißem T-shirt die Straße
                    runterkommt &
                    aus
                              einer großen // grünen Flasche trinkt
                    unablässiges Vorbeirollen
                              langsamer Riesen
                                        autos.

New Orleans, Bourbon Street: der einzige Laden, der so aussieht, als könne man sich in ihm billig vollaufen lassen: Schwule, gelbe Haare, gelbe Schnurrbärte, gelbe Kleider, gelbes Lächeln.

Ich finde Frauen schöner, zum Beispiel diese Passantin, bloß für einen Moment an der Straßenecke sichtbar, kann ich mit der architektonischen Eleganz des French Quarter in Verbindung bringen. Ich hätte gleich den Wagen nach Houston nehmen sollen. New Orleans, ich schätze, die Stadt hatte vor 60 Jahren zum letzten Mal eine große Zeit. Jetzt wiederholen sie überall die alte Musik in den Bums- und Striplokalen. Auf den Laufstegen wippen die Damen. Daneben sind einige Musiker eingepfercht.

Wo ziehst du deinen Körper rum?

Diese Frau aus Chicago an der Frühstücksbar neben mir ist meine Chance für den Tag.

„Warum bist du fort?"

„Es machte mich krank."

Später fragt sie noch, was ich vorhabe; ich sage: „Nichts!", und bemerke erst hinterher die Chance.

Amerikanische Stadttopographie. 1. verwrackte Häuser (und Menschen), 2. neue skyscraper, in denen morgens die Angestellten verschwinden, 3. leere Flächen / Parkplätze, 4. kostbare ältere Häuser, alles auf ein paar hundert Quadratmetern zusammen, Flächen ungleicher Höhe und ökonomischer Ausnutzung, Marmorbankgebäude und Ruinen, hart trinkende Leute. Wenn ich zum YMCA gehe, muß ich immer an ihnen vorbei. Eines der ruinenartigen Hotels bietet ein Bett für 2 Dollar in einem Raum zu mehreren.

Ich mag leere Cafés, leere Plätze, leere Bahnhofshallen mit vereinzelten Passanten.

Vor jedem Schluck Löwenbräu das seltsame Gefühl, weil der Humpen aus Plastik ist. (Es überrascht mich jedesmal wieder in der Hand.)

Reisen ist eine asketische Übung. Es lehrt, mit der Einsamkeit umzugehen. Tatsache ist, daß ich irgendwo an der Grenze von Texas und Louisiana in einem abgelegenen Motel sitze, in dessen versumpften Swimmingpool sich die Fische tummeln. Na und, ich habe mein Budweiser und einen langsamen Sonnenuntergang.

Nazifilm im Fernsehen, jetzt fühl ich mich weniger einsam.

Reisen ist eine Form des Opfers. Was man opfert, merkt man, wenn man isoliert, depressiv und erschöpft *da* ist.

Diese gottverdammten Texaner versuchen immer, mir ihre Wunder anzudrehen, diese Männer Christi, daß ER bald wiederkomme, oder daß ihm, dem Gläubigen, ein seit der Geburt zu kurzes Bein länger gewachsen sei, und wenn das nicht genügt: daß der Arm (er streckt sie beide aus) auch auf die richtige Länge nachgewachsen sei.

Vielleicht ist es *mein* Wunder, daß ich plötzlich diese Tausendmeilenfahrt bekomme, dazu noch mit so einem Menschen. Seine guten Seiten kann ich nur aufzählen: sehr klug und gesprächig, liebevolle Ideen *from the heart,* starker Glaube, hilfsbereit. „Die Stimme sagte mir, nach Kalifornien zu gehen" – und dahin ist er auf dem Weg fast ohne Geld, unterwegs werde er predigen, die Gemeinde werde ihm weiterhelfen mit kleinen Geldbeträgen und Adressen. „For me nothing ist impossible." Bei jedem liegengebliebenen Wagen am Highway hält er an, um zu helfen. Und dann, als es dunkel wird und wir in die Berge hineinfahren, die vor der Wüste kommen, fängt er an zu predigen.

Bis San Antonio ist Texas grün, danach immer trockener, die Wüste beginnt, die große Wüste über 1000 Meilen in der Mitte des amerikanischen Kontinents, leeres Land.

Dieser religiöse Mann hat eine beruhigende Wirkung auf mich, er raucht und trinkt nicht, und ich gewöhne mir das Rauchen ab, ohne daß er ein einziges Mal dieses Thema angesprochen hat. Ich spüre nur plötzlich die Geistesschwäche, die bei mir die Ursache dieser blamablen Sucht gewesen ist.

Fast die ganze Zeit predigt er, über Freiheit, über geistiges Leben, Sex, Reisen: „Manchmal möchtest du einfach weg – obgleich du weißt, daß du bleiben solltest. Wenn du so reist, reist du bloß körperlich. Jeder hat eine innere Stimme", fügt er hinzu. „Du kannst sie Bewußtsein nennen oder den Heiligen Geist, aber wie immer du sie nennen willst, es ist eine geistige Stimme, die du in dir hast, um dich zu leiten."

Wenn er angekommen sein wird, sagt er, wird er mit seinem Lord kommunizieren, sich frei machen von allen materiellen Problemen, nichts essen und sich für vier Tage in ein Zimmer einschließen.

Er betet für mich zum Abschied, den Kopf nach unten zur Erde gebeugt und meine Hand haltend.

El Paso, extrem ausgedehnt, einstöckig, vom Stadtrand, wo ich abgesetzt werde, sind es noch 40 Meilen bis zum Zentrum. Motels, Tankstellen, Autos, Ladenzentren, endlos, grell, aufdringlich, Spielhallen, Banken, Willys paperback exchange, Hamburger, Western Store, Cocktails, loan, insurance. Nach einer halben Stunde Bus zum ersten Mal Häuser, die eine gewisse Gesichertheit verraten.

In El Paso finde ich dieses Hotel mit deutschem Namen, *Lindenhotel,* das 1903 das erste am Platz gewesen ist und bekomme für 10 Dollar eines der beiden herrschaftlichen Zimmer mit Balkon nach Süden in der Beletage. Vor dem Hotel stehen zwei gußeiserne Straßenlaternen mit runden weißen Leuchtkugeln. Auch sie stammen wahrscheinlich aus Berlin. An jeder Laterne sind von den fünf Kugeln noch zwei in Betrieb. Dieses Hotel hat seine beste Zeit gehabt – wie die Literatur. Wenn ich im Bad das Licht anknipse, verschwinden die Käfer schnell hinter den Verschalungen oder unter die Teppiche. Es riecht nach den Rückständen unzähliger Waschungen. Kultur kann eben nur in einem gewissen *environment* von Verfall entstehen, sage ich mir. An einem Ort ohne Geruch, Schmutz und Alter hätte ich den ganzen stehengelassenen Abwasch festgeklebter mentaler Reste (meinen inneren Schmutz) einfach verleugnen müssen! Es ist Regression, was ich hier betreibe, aber lustvoll. Jeder der Dauergäste, die ich vom Flur in die verschlagartigen Hinterzimmer verschwinden sehe, hat eine Geschichte für sich, auf die ich mich einlassen könnte. Ich tu es nicht, ziehe mich zurück.

Juarez, der mexikanische Teil von El Paso, erschreckt mich zuerst, die Männer, die überall nur dastehen, an die Hauswände gelehnt – und beschäftigt womit? Auf dem Markt ist alles auf der Straße ausgebreitet, was in den USA sorgfältig in Läden zurückgehalten wird. Ich würde nach Südamerika reisen, so als müßte ich um so weiter reisen, je unvollkommener ich mich fühle.

Erfüllung heißt den Punkt erreichen, wo man zu sterben bereit ist, notiere ich.

Ich habe die Fähigkeit zu geben verloren. Mein Schmerz erinnert mich nur an mich. Mein Verstand weiß keinen Ausweg. Ich will mich loswerden, die Person, die ich den Winter über mit mir herumgeschleppt habe. Vielleicht würde es möglich sein, mich über den vollständigen Ausdruck zu verlieren, so daß kein Rest bliebe, kein verstopfter, gehinderter, ausgelassener, unbeschäftigter Teil.

Immer wieder tauchen Bilder von Deutschland auf, wie ich es kenne, obgleich ich mich dagegen wehre. Ich sehe die anderen in ihrer Selbstgewißheit. Ein anderes Bild will nicht in meinen Vorstellungen Platz nehmen.

Unten sehe ich die Leute sich bewegen, die Straße runterlaufen, in den Büros verschwinden, den Bars, dastehen, körperlich, mit Gesichtern, überflüssigen Gesichtern, die bloß die Mundöffnungen umranden, die Gurgelöffnungen, aber wie mein frommer Mann sagt: „Der Lord sieht das Böse im Menschen, aber er läßt sie gewähren und sie werden in einen See aus Feuer fallen (wie schon die Bibel sagt) und ein Drittel der Menschen wird sterben, und Jesus wird wieder auf der Erde erscheinen, aber die Menschen werden versuchen, ihn wieder zu töten, aber er wird sie nur ansehen, und die Waffen werden ihnen aus den Händen fallen.“

Leeres Land, 100 Meilen in jede Richtung keine Stadt, ungenutztes Land, die Erde ist nicht überbevölkert. Es ist genug Platz für alle da. Platz für noch einmal 200 Millionen. „Dieses Land“, sagt der Prediger, „ist noch im Wachsen.“ (Daher muß das für europäische Verhältnisse unglaubliche Selbstgefühl kommen.)

Babylon stand auf, wurde mächtig und ging unter, Ägypten stand auf, wurde mächtig und ging unter, und so war es mit Griechenland und mit Rom.

„War Hitler je in Amerika?“

„Die Deutschen“, sage ich, „glauben nicht mehr an den Fortschritt. Vielleicht liegt es daran, daß sie welthistorisch nur noch wirtschaftlich zählen. Sie sind materialistisch. Trinken zuviel."

„Amerika ist noch ein junges Land", sagt der Prediger, „Europa ist alt, es hat den Glauben verloren, den alten Glauben, den es einmal hatte. Europa ist jetzt nach Amerika gekommen, Amerika ..."

Und die Waffen werden ihnen aus den Händen fallen, und sie werden die Mäuler aufreißen, aber die Zungen und die Zähne werden ihnen herausfallen, und nur die Knochen werden übrigbleiben von ihren Gesichtern, aber ohne daß die Menschen stürben dabei.

Der Waschsalon
mit seiner Reihe von
grün & weißen Automaten
befreit mich wirklich
Die Musik ist überall die gleiche, die Waschsalons, die geshampooten Mädchen, die sich an den Tisch setzen und zuviel rauchen, die Nickelbrillen der Intellektuellen, Poolbilliards, das leichte Vibrieren des Waschautomaten, die Frau, die zuviel Wäsche schleppt in grünem Plastikkorb
jaja, die sinnvoll zugebrachte Zeit
sinnvoll wie ein
Coca-Cola Automat
HERE'S THE REAL THING
wie ein Mann & eine Frau
über die Öffnung des
Waschautomaten
gebeugt
wie *DON'T WALK*
wie der Mann, der vor der Hoteltür eine Zigarette ansteckt und sich entschließt, linksrunter zu gehen.

Was wirklich befreit, ist wieder *on the road* zu sein, weil es die reine Projektion in die Zukunft ist. Wenn ich neu in eine Stadt komme, bin ich am ersten Tag verwirrt, am nächsten Tag finde ich meine Orientierung und am dritten muß ich gehen, weil nur diese Bewegung hinaus ins Ungewisse und Unbekannte mich befreit.

Das Gute an dieser Reiserei ist, daß die Orte, kaum sind sie da, ausgelöscht werden.

Camino del muerte, so heißt der Weg von El Paso durch die Wüste nach Albuquerque, 270 Meilen, den diejenigen zu Fuß zurücklegten, die nicht das Geld für die Santa-Fe-Eisenbahn hatten. Noch heute laufen Landarbeiter aus Mexiko zu Fuß nach Kalifornien, um bei der Ernte eine Arbeit zu finden.

Abends in der Nichtstadt, Albuquerque, *downtown* bloß Bürohäuser, Parkplätze, eine verwaiste Centralavenue, über die Autos auf- und abfahren mit unberührbaren Insassen, die nur ab und an aus dem Fenster gröhlen. Der alte Mann, der mich anspricht, zeigt mir zuerst seine sämtlichen Papiere, I.D., Führerschein, Sozialversicherung, fragt, ob ich mit ihm zusammenarbeiten will.

Tagsüber die Wüste war schön, 100 Meilen Sicht, Himmel, Berge, Ebene, alles klar voneinander getrennt, und der Mann, Elektroniker, der von der Unmöglichkeit der solaren Energie sprach, die eigne sich nur für Illustriertenstories, der Unmöglichkeit der Atomenergie, in 20 Jahren würde man davon abgekommen sein, und von einer zukünftigen neuen Energiegewinnung: „Ja, es wird möglich sein, schneller als das Licht zu fliegen."

Ein alter Mann auf dem Weg von Kansas nach Las Vegas, „um meine Sorgen zu vergessen", wie er sagt. Immerhin eine Strecke von über 2000 Kilometern. Auch er spricht von der Freundlichkeit und der Hilfsbereitschaft der Menschen, die er schätzt. Dabei scheint er schon in eine andere Welt zu gehören mit seinem Greisengesicht, den zitternden Händen, den kurzsichtigen, kugelförmig aus dem Kopf hängenden Augen.

Von Flagstaff nach Phoenix: grüne Hügel, harte Landschaft mit Felsen und Kakteen, aber grün, gelbe Blumenfelder dazwischen. Manche der Creeks mit den tödlichen Namen, Devils Wash, Gun River, noch voll Wasser. Zwei Monate später wird es Wüste sein, sagt der truckdriver, der mich mitnimmt und plötzlich auf der Autobahn kein Benzin mehr hat. Der Vorarbeiter einer Autobahnbaustelle hilft ihm aus mit 100 Litern, umsonst. „Mußte ich schon machen“, meint er.

Phoenix/Arizona ist diese klimatisch phantastische Stadt, heterogen in ihren Baustilen: ich meine, die Jahrzehnte dieses Jahrhunderts zu sehen, die daran mitgebaut haben und sehr schnell zurückgeblieben, veraltet sind in ihrem Geschmack und ihrem technischen Stand. Ein einsamer riesenhafter Hotelbau mit einer Radiostation aus den 30ern. Das neueste und höchste Haus ganz aus Glas, leicht und durchsichtig, von innen heraus schimmernd. Die Straßen quadratisch und am Ende von jeder sieht man einen Berg, gezackte, dunkle Schatten. Luehrshotel. Ein altes flaches Hotel à la *Tod in Venedig*. Ich sehe schon die gebräunten Monsignores in den weißen Anzügen herumgehen, aber sie sind alt geworden und total besoffen. Sie torkeln in die Versorgungsstraßen weg. Vereinzelte Fußgänger in den Straßen, die einander schon wieder grüßen wie auf dem Dorf. *Downtown* besteht aus Banken und dazwischen schwanken diese Gestalten umher, herausgefallen irgendwo aus einer Ehe, aus einem Job.

Einen Passanten frage ich bloß nach der Greyhoundstation und er mich nach einem Vierteldollar, wir bleiben den ganzen Tag zusammen. „Du mußt dich rasieren“, sage ich, „und danach die Kleider waschen.“ – „Wenn man zu lange auf der Straße ist, verliert man den Willen“, sagt er, und: „Ich muß wieder auf die Füße kommen“. Um einen Schluck aus der Ginflasche zu nehmen, versteckt er sich immer hinter einem Auto. Er ist aus Kalifornien abgehauen vor vier Jahren, zuerst mit Geld, die Frau wollte ihn nicht mehr, dann ohne Geld. Hat Angst, nach Kalifornien zurückzugehen, weil sie ihn wohl einsperren würden wegen unterlassener Zahlungen an die Frau für sein Kind. Er ist *educated,* gebildet, hat einen freundlichen Blick, stottert ein bißchen, und, so scheint es, ist zu schwach gewesen, um der Frau standzuhalten, um dem Job standzuhalten.

„The greek gods are back“, sagt er mir zum Abschied. „A lot of people met them, like Bacchus, or Apollo, or Eros. They've changed their appearance ... But think of it! Keep it in your mind." Er sagt es mit einer seltsamen Eindringlichkeit. Die Botschaft – und wie er sie vorträgt, ist ein Abschiedsgeschenk an mich.

Es ist ein phantastisch schöner, schneller Morgen. Die San Diego Region ist gleich richtig Kalifornien: ein Blick aus dem Busfenster macht über die Parkplätze und Highways verteilt wahrscheinlich 10 000 Autos aus. Und die Stadt ist gut in Schwung. Das YMCA dem Militär vorbehalten, direkt gegenüber dem Massagesalon. Männergesellschaft, in den Bars fast nur Männer. Männer unter sich. In der Stadt Prostitution und Homosexualität. Und John: der parfümierte *gay,* der mir sagt, ich würde *handsome* aussehen: „Are you looking for a woman?" Nein, eigentlich mehr for good spiritual company.

Billiges, altes Hotel für 6 Dollar. Shaw Hotel. „I like San Diego". Zweimal auf der Straße Frauen, die „Hi" sagen und ein paar Worte mit mir wechseln.

Wie kann ich sagen, ich sehe was. Diese Motorradfahrer in Oceanside sehen was anderes, ewiges Motorradfahren, ewige Centralavenue, unsterbliche *gasstation.*

Alle sehen dumm und degeneriert aus, mißlungene Köpfe. „Oh, the navy".

Der Indianer, den wir besuchen, ist Baumeister. Er baut ein Haus ganz allein. Er macht alles selber. Viel hat ihm sein Großvater beigebracht. Der Indianer ist Zimmermann und Maurer und Statiker und Architekt und Fliesenleger und Elektriker. Er wirkt so sehr ruhig und ausgeglichen. Ich frage ihn nach dem Bösen und er sagt: „Alles ist gut", und nach der Krankheit und er sagt nichts.

Den Nebel nachts haben wir doch unterschätzt. Auf dem Sandweg ohne Seitenmarkierung wissen wir bald nicht mehr, wo der Weg und wo die Wiese ist. Als erstes sind die Hunde da. Immer, überall freundliche Hunde, die, statt wütend, den Besitz verteidigend zu kläffen, wie ich es erwarte, gleich mit dem Schwanz wedeln.

Die Katze schläft neben mir im kalten Raum. Ich habe das Fenster noch ein Stück hochgeschoben. Draußen tropft der Regen langsam vor dem offenen Fenster. Ich träume von einem toten Arm des Mississippi. Morgens sehe ich, daß vor dem Fenster ein See ist, den ich in der Dunkelheit nicht wahrgenommen habe.

In Kategorien des Glücks gesprochen, ist es auf dieser Reise zum ersten Mal so, daß die guten Tage die schlimmen an Zahl übertreffen. Die Leute sind so aufmunternd in ihren alltäglichen sozialen Reaktionen. Sie versichern dich deiner selbst sogar in den einfachen Dingen wie Kontrolle des Bustickets, Verlangen des Passes, die in Deutschland mit Paranoia belegt sind.

Das Aufgeschriebene ist das, was in dem Moment, wo ich Gelegenheit zum Kritzeln hab, in meinem Kopf ist. Die guten Momente kann man natürlich erinnern. Ausgefüllte Zeit. Das hört sich einfach an, aber in der BRD ist die Zeit nicht in Ordnung, oder, wenn die Einschränkung auf das Subjektive korrekter ist: ist für mich nicht in Ordnung. Wenn ich schreibe, geht es darum, die unausgefüllte Zeit auszudrücken, die Zeit mit Löchern, lastende Zeit, energielose, hilflose Zeit – soweit Worte an diese psychischen Zustände herankönnen, die aber eben 'das Leben' sind. Und jetzt: das einzige, was zählt, daß ich meine geistige Kraft gefunden habe, das Gleichgewicht, die Spannung.

Oregon. Die gehetzten Bewegungen der arbeitenden Leute habe ich schon fast vergessen (ich empfinde sie als beängstigende energetische Verdichtung). Eine Kopfdrehung öffnet den Blick auf die Natur und davor ein hölzerner Wasserturm mit einer kaum zu erkennenden grünen Färbung auf den Brettern.

„Do you like it here?"

„Yes, very much."

Sie wollen, daß ihr einen guten Eindruck bekommt. In Wirklichkeit ist Amerika das korrupteste Land, das ihr euch denken könnt. I'm a Socialist und vorher schon crazy and stoned.

Der Tankwart stutzt, steckt den Kopf zum Fenster rein und fragt: „Habt ihr noch'n Joint übrig?"

Soviel Land, soviel Platz. Normal, ein Haus zu haben. Vorher ein *Mobile Home*. Die Vorstellung von Städten als Dreckhaufen, die den Globus infizieren, verschwindet, soviel Raum und Land. Das Gleichgewicht ist wiederhergestellt. Die Natur ist überlegen, und von daher bekommt die Technik wieder ihren Sinn als notwendige Naturbeherrschung. (Vorher hatte das Zerstörerische von Technik mein Bewußtsein ganz eingenommen.) Die Autos und die Häuser sind gut ausgestattet – ich habe keinen Haß mehr auf Autos. Mein Haß ist sowieso abgebaut. Das verengend Ausweglose aus der Erfahrung verschwunden.

Das Trinkwasser für das Haus wird einfach unten aus dem See hochgepumpt.

Die Hilfsbereitschaft, mit der Leute aus Europa empfangen werden: die Tradition, mit der die schon Angekommenen immer die nachfolgenden Einwanderer empfangen haben.

In dieser unverdorbenen Natur Betrachtungen über *pollution*. Unser Gastgeber meint, daß es auf alle Fälle schon zu spät sei. Aber wie schmutzig ist Europa schon im Vergleich zu Kalifornien oder erst Oregon, und wie wenig hat sich in Europa das Umweltschutzbewußtsein bis in die Entscheidungspositionen durchgesetzt. Es dürfte keinen einzigen dreckigen Fluß geben.

In meiner Schwäche, die Unangenehmes an sich zieht, einfach zuläßt aus Abwehrunfähigkeit, setzt sich eine dicke übelriechende Frau neben mich, und das für eine Busfahrt durch die Nacht. Bei jedem *reststop* läuft sie an die Slotmaschinen, verkündet vorn im Bus beim Wiedereinsteigen laut ihren Gewinn, läßt sich in den Sitz plumpsen und schläft hinter einer um die Schläfen reichenden Sonnenbrille.

Nevada. Nachdem ich im Bus geschlafen habe, sehe ich zum ersten Mal richtig Wüste, endlos – nein: aber ein paar Meilen völlig flacher weißer Sand ohne jede Vegetation bis an die Berge, als die Berge wegrücken dann wirklich endlos mit Spiegelungen in der Ferne, wie Wasser. Nirgends vorm Horizont eine Pflanze, eine weiße Sandfläche, die zwischen den Bergen im Nichts verschwindet.

Jede Darstellung ist eine begrenzte, voreingenommene Projektion von Vorstellungen, an denen der Berichtende aus irgendeinem Grunde hängengeblieben ist. Zuviel Verknüpfung, das wäre wieder europäisches Denken. Jeder Gedanke ist vor dem ganzen momentan Wahrgenommenen eine Verengung (dies gibt mir der Blick in die Wüste ein, die vor den Busfenstern vorbeizieht).

Beim Schreiben will ich genau festhalten, was in der Gegenwart passiert, so ein Gedankenbild, das aus dem Vorbeifließen zufällig in dem Moment erstarrt (oder reflektiert wird), wenn ich auch gerade zum Schreiben bereit bin.

Chicago. Hier lerne ich die Unterscheidung machen zwischen Dorf, Kleinstadt, Großstadt wie Salt Lake City oder Des Moines, *(downtown* steril oder verfallen und provinziell), und der wirklich großen Stadt wie Chicago. Ich liebe die Dinge, die die Spuren des Gebrauchs tragen. Die Wiederbegegnung mit der Stadt nach der Fahrt durch den Kontinent ist aufregend.

Ich sehe aus dem 16. Stock die Leute auf den sehr hell erleuchteten Straßen laufen, rumlungern zweifellos, zwischen den Clubs aber mit kraftvollen Bewegungen, es sind hauptsächlich Schwarze.

Kann ich je unterscheiden, ob mein Blick seine eigene Wirklichkeit schafft, oder ob es schon so gewesen ist, bevor ich ebenfalls noch auftauche? Jedenfalls gibt es immer einen Teil von mir, der nicht aufgeht, der nicht die Wahrheit sagt, der nicht objektiv ist, sondern nach seinem Gesetz zuckt, immer in Bewegung gesetzt vom tatsächlichen Leben hier im Augenblick. Die Leute im Bus. Gesichter gegenüber oder in den Sitzen hintereinander haben eine wache Intensität. Irgendetwas, das ich seit Tagen nicht erlebt habe – oder lege ich es nur hinein, weil ich in williger Spannung bin?

Ja, die riesige Stadt, Provinzler kommen aus allen Richtungen, bringen ihren Geschmack mit, und das ist dann die urbane Kultur.

Die Jahreszeiten sind verfügbar. Ich erinnere mich, wie ich

im Winter einmal am Fenster stand und seine Ausdehnung empfand, über die ich nicht hinauskonnte, weil ich nichtmal Geld für die Lebenshaltung hatte. In Virginia, Carolina war Frühling, Anfang April, dann Hitze, Sommer, Sonnenstichgefahr in Texas, New Mexiko, Arizona. Jetzt in Michigan ist wieder Frühling, die Baumblätter sind weich und hellgrün und noch nicht ganz entwickelt.

In der Fremdsprache bleiben mir auch die Gemeinheiten fremd, die eben durch die in der eigenen Sprache bis zum Überdruß bekannten Intonationen zu Gemeinheiten werden.

Geheimes Angebot: Es gibt Mengen amerikanischer Dichter, die keiner kennt, deren Bücher nicht im *Safeway* verkauft werden, die ganz normal in Appartements leben, ihre Bücher existieren, manchmal ein Dutzend von einem einzigen, und doch weiß niemand was von ihnen außer einigen Leuten, die ich aber nicht treffe. Robert Kelly, Theodore Enslin, Rochelle Owens, Diane Wakoski, Charles Reznikoff, Jerome Rothenberg, David Antin, Ted Berrigan, Jack Anderson ... Die Liste ließe sich endlos weiterführen, und dabei ist die poetische Sprache doch eine wertvolle Mitteilung, der einzige Weg, modernes Bewußtsein zu benennen, oder ist das etwa ein Irrtum? Bleibt die Sprache ein zu sprödes Medium, wie auch immer rhythmisiert und souverän in ihren Ideen?

Canada. In Toronto kommt mir die Sauberkeit als Anzeichen moralischer Verspießtheit und die Schmuddeligkeit wie das Zeichen des endgültig Zurückgebliebenen vor. Fing es damit an, daß sie an der Grenze diese beiden südamerikanischen Arbeiter zurückschickten? In USA keine Arbeit? In Canada auch keine Arbeit! Irgendetwas schwer Auszudrückendes kommt mir entgegen, fällt aus den Wohnsilos, fährt in laut aufgedrehten Autoradios umher, irgendein nicht beweis-, aber spürbares Manko in jeder Geste, Bewegung, Reaktion, Miene, Körperhaltung, Art zu gehen und zu gucken, sich zu kratzen, auf den Nägeln zu kauen.

New York beim zweiten Besuch: eine Wiederholung mit all den Zeichen der Schwäche, wo vorher Verausgabung gewesen ist. 1 Mädchen, das zuerst seine Lebensphilosophie mitteilte und mich nach 6 Wochen nicht mehr kennt. Ich aber trinke Tomatensaft und es ficht mich nicht bis an den Punkt der Schwäche an. Ich bin zu gesund geworden.

Große Insel fernsüdlich

Reisetagebuch aus Madagaskar

„Sieht aus wie die Schweiz“, dachte ich, als die Tupolew über Antananarivo einschwebte. Ich sah grüne Hügel, Wasser, kleine Orte und einzelne Häuser auf den Erhebungen und gelbe Sandwege als Verbindungen dazwischen. Im Flugzeug bestand das größte Kontingent aus einer Gruppe Nordkoreaner in dunklen Anzügen mit Kim-Il-Sung-Buttons am Revers. Nachts hatten sie ihre Jacketts abgelegt, die Schuhe unter die Sitze geschoben und waren mit herabhängenden Hosenträgern im Gang gelaufen. Die Maschine war in Aden ziemlich leer geworden, aber die Koreaner flogen bis Madagaskar. Einen schweigsamen, weißen Herren konnte ich nicht einordnen. Fünf oder sechs deutsche Touristen waren von einem soeben in München erschienenen alternativen Globetrotter-Reiseführer angelockt worden.

Ich war der erste, der die Devisenerklärung ausgefüllt hatte und den Paß zur Kontrolle vorlegte. Er wurde mit offenbar vorliegenden Papieren verglichen, und man forderte mich sofort auf, das Büro, einen großen, nach oben offenen Holzverschlag innerhalb dieses modernen Flughafengebäudes zu betreten. An einem vereinzelten Tisch mitten im Raum stand ein vereinzelter Stuhl. Man bat mich, mich dort hinzusetzen und zu warten. Ich ärgerte mich über meine Eile. Ich nahm an, daß sie sich einfach den ersten zur Stichprobenkontrolle ausgesucht hatten.

„Ich habe vergessen, mein Gepäck zu holen.“

„Das machen wir.“

Von acht zivil gekleideten Männern begleitet, stieg ich in einen weißen VW-Bus. Den ersten Ort auf Madagaskar sah ich vom Polizeiauto aus. Die vielen Leute am Straßenrand, Fußgänger, die einstöckigen Häuser mit Anbauten, Holzverschlägen, Wellblech und den vorherrschenden Wandfarben: verblichenes Gelb und verwaschenes Weiß. Der Ort hieß Ambohibao.

Wir stoppten vor einem modernen, zweistöckigen Verwaltungsbau. Am Eingang lungerte ein Schwarzer in Drillich mit einer MP herum. Ich wurde in den ersten Stock geführt. Ein *Sous-Chef* notierte meinen Fall mit ein paar Zeilen in ein großes Buch. In seinem Raum stand in der Ecke ein breites Bett mit nackter Matratze, auf dem Treppenabsatz ein Schreibtisch. Man hieß mich, an ihm Platz zu nehmen, ganz so als hätte ich selbst eine Funktion zu erfüllen. Ständig liefen Leute, die wie kleine Angestellte aussahen, die Treppen rauf und runter. Der schwarze Wachsoldat mit MP machte keinen bösartigen Eindruck. Er hatte keinen Befehl dazu. Die vielen „kleinen Angestellten“ hatten alle eine hellbraune Hautfarbe, nur die Soldaten waren dunkelhäutig. Bei dem Gedanken an das Schwarzgeld, das ich in meinem Gepäck versteckt hatte, wurde ich nervös, und es gelang mir, ein Valium aus meiner Hosentasche zu fummeln.

Ein Weißer von etwa 60 Jahren wurde in das Büro des *Sous-Chef* geführt. Er trug einen zerknitterten grauen Anzug, sein Bart war etwa vier Tage alt, er war drahtig und ging ein wenig gebückt. Er sah aus wie eine Figur aus einem Roman von Hemingway. Wie ein Trinker, der seit Tagen auf Abstinenz ist.

„Etes-vous Français?“

Sind Sie Franzose?

„Je suis détenu.“

Er sei der Vertreter von Amnesty International.

‘Détenu’ mußte ‘inhaftiert’ heißen.

„Nicht sprechen“, sagte der *Sous-Chef.*

Vierzehn Tage später fand ich einen Artikel in *Le Monde.* Der Inhaftierte hieß Hamel. Er war seit 40 Jahren als Anwalt in Tananarive tätig gewesen, unter anderem auch als Verteidiger einiger madegassischer politischer Gefangener, die seit fünf Jahren im Gefängnis saßen. Repräsentant auf Madagaskar von

Amnesty. Hamel war demnach vier Tage inhaftiert gewesen, dann hatte man ihn nach Paris abgeschoben.

Hamels Haltung, leicht vorgebeugt, hatte etwas Devotes, aber auch die gleichgültige Ergebenheit eines Mannes, dem Gesetze, Behörden, Staat nichts anhaben können. Ich hörte die Worte des Kommissars zu dem Franzosen:

„Vous avez jouez, et vous avez perdu!"

„Sie haben gespielt. Und Sie haben verloren!"

„Stingl, nous l'avons ici!"

Kiev Stingl war ein deutscher Freund von mir, der drei Wochen vorher nach Madagaskar geflogen war. Wir hatten uns in Tananarive verabredet.

„Il est là-haut."

Er ist da oben.

Meine Personalien wurden zu Protokoll genommen.

„Journaliste?"

Das könnte man nicht sagen, ich schriebe selten für Zeitungen, hätte auch keinen offiziellen Auftrag, niemand, der mich im voraus bezahlte, und nach Madagaskar hätte mich die Tatsache gelockt, daß man in Deutschland nichts über diese Insel wüßte, es gäbe nie eine Meldung in der Zeitung. Das Valium verbesserte mein Französisch beträchtlich. In Bonn hätte die Botschaft von Madagaskar im letzten Jahr ganze 2.300 Visaanträge zu erfüllen gehabt und auf dem Konsulat in Hamburg sei ich für 1982 die Nummer 7 gewesen, also kein abgegriffenes Touristenziel, das Unbekannte reizte mich, „l'Inconnu", und mit dem Deutschen, den sie „da oben" festhielten, wäre es noch schlimmer, ihn reizte alles Exotische, der wäre sogar in Deutschland selbst ein Exot. Eine ungewöhnliche Persönlichkeit eben. Ein bißchen extravagant. Er hätte in Deutschland auch drei Schallplatten aufgenommen und veröffentlicht.

„Trente-Trois-Tours?"

Ja. Langspielplatten.

„Er macht gern Spaß", sagte ich.

„Il aime rigoler."

Bei der Gepäckkontrolle faßte der Kommissar nichts an. Ich breitete die Sachen auf dem Boden aus und erklärte: Kleidungsstücke, Schlafsack, Rasierschaum, Kassettenrecorder, Malariatabletten, Valium. „Sie schlafen schlecht?“ – „Manchmal.“ Filme, „Films vierges?“, ja, unbelichtete Filme. Den Nachmittag verbrachte ich auf meinem Stuhl auf dem Treppenabsatz hinter dem Schreibtisch, Hamel wurde vorbeigeführt und verschwand in einem der Zimmer, die „kleinen Angestellten“, Spitzel, die ich später in der Stadt wiedersehen sollte, liefen die Treppe rauf und runter. Der *Sous-Chef* fragte, ob ich Hunger hätte. Er ließ für mich eine Mahlzeit aus dem Restaurant holen. Teller mit Reis und Huhn wurden durchs Treppenhaus getragen für die Belegschaft, die in ihren Büros speiste, mir hätte das genügt. Stattdessen bekam ich dieses opulente französische Menu mit Salaten und viel Fleisch und Wein und Obst und einer großen Kanne starkem Kaffee. Die Chefs kamen um halb vier, und dann dauerte es wieder sehr lange. Die Wirkung des Valiums wechselte auf dumpf. 19 Stunden im Flugzeug, Wein und Kaffee hatten mich ausgelaugt. „Sieht gut aus für Sie“, sagte mir schließlich der Kommissar, der mich vernommen hatte, ich bekam mein Gepäck, nur „Stingl bleibt hier“. Und sprechen durfte ich ihn nicht.

Auf dem Weg in die Stadt sah ich, daß das, was ich für Seen gehalten hatte, Überschwemmungen waren. Es regnete immer noch. Trotz des Regens waren sehr viele Leute zu Fuß unterwegs. In der Ebene unterhalb der Straße, die über einen Damm führte, standen die Häuser der Reisbauern bis zur halben Mauerhöhe im Wasser. Wasser, soweit das Auge reichte. Männer, die auf ihren überschwemmten Reisfeldern angelten. Als wir in die belebte Vorstadt kamen, wurde die Straße schlechter, wir rumpelten durch große Löcher, dicht gedrängt die Leute auf beiden Seiten der Straßen zwischen kleinen Läden und Marktständen, das Schäbige aller Vororte aller Großstädte der Welt.

„Wohin?“ fragte der Kommissar.

„Colbert.“

„Das Hotel de France ist billiger.“

Die ersten Nächte im besten Hotel. Ein Grundsatz von mir. Der Kommissar begleitete mich bis an die Rezeption.

„Lassen Sie sich nicht mit Provençal ein", sagte er. „Das ist ein Trinker."

Alain Provençal war Mathematikprofessor an der Universität von Tananarive. Er war *Coopérant,* einer der französischen Techniker und Lehrer, die vom französischen Ministerium für Zusammenarbeit in den ehemaligen Kolonien eingesetzt werden. Das Unterrichtswesen auf Madagaskar wird noch in sehr starkem Maße von Franzosen bestimmt und Französisch ist Lehrsprache in den höheren Schulen und an der Universität. Madagaskar ist zweisprachig, und in den Städten sprechen alle ebensogut französisch wie malgasch. Von 1969 bis 1975 unterrichtete Provençal in der kambodschanischen Hauptstadt Pnom Penh. 1975 übernahm er die Professur in Tana.

Ich wollte Tana kennenlernen, und dann vielleicht nach Diego im Norden und nach Tamatave an die Ostküste. Es gibt eine Eisenbahn dahin. Später erfuhr ich, daß die Verkehrsverbindungen schlecht sind. In unserem asphaltierten Mitteleuropa haben wir keinen Begriff davon. Weder der Norden noch der Osten noch der Süden sind während der Regenzeit auf der Straße zu erreichen. Und es war Regenzeit. Sie dauert von Dezember bis April. Und in diesem Jahr war es besonders schlimm. Der Regen verwandelte die Pisten in knietiefen Schlamm. Nach Tulear im Süden, nach Nosy Be oder Diego im Norden kam man nur mit dem Flugzeug.

Nordsüdausdehnung der großen Insel: 1.600 km. Fläche: So groß wie Frankreich plus Bundesrepublik. Bewohner: 9 Millionen. Die Vorfahren sind vor 1.000 Jahren aus Indonesien und Malaysia eingewandert. Eine Meeresströmung im Indischen Ozean hat dies möglich gemacht. Malgasch ähnelt dem Malayischen. Die Merina in der Hochebene um Antananarivo haben eine braune Hautfarbe. Abtönungen bis ins Filipino-Weiß.

Im 16. Jahrhundert landeten als erste Europäer Portugiesen

auf Madagaskar. Danach kamen Niederländer, Engländer, Franzosen. Aber sie blieben nie lange. Dezimierung durch Malaria, auch die Stämme wußten sich zu wehren. Am längsten hielten sich um 1700 noch Eroberer, die keine Staatsgang schickte. Vierzig Jahre lang gab es eine aufgeklärte Piratenrepublik an einer verborgenen Bucht der Nordostküste. Die reiche Beute der ostindischen Seewege sicherte ihr eine gesunde ökonomische Basis.

Auf Madagaskar lebt eine Vielzahl verschiedener Stämme, die einander in der Vergangenheit nicht immer Freund waren. So benutzte ein Stamm seinen Nachbarstamm vor allem dazu, aus ihm Sklaven zu fangen und an die arabischen Händler zu verkaufen. Die Merina aus dem Hochland hatten schließlich im 19. Jahrhundert die Insel vereinigt und ein paar Könige gestellt.

Gallièni, „ein erfahrener und pragmatischer Kolonialbeamter", ließ 1896 einige Mitglieder der madegassischen Aristokratie hinrichten. Überall in Afrika begann das Zeitalter des europäischen Kolonialismus.

Bis 1960 ist Madagaskar französische Kolonie gewesen. 1947 gab es den ersten blutigen Aufstand, der 11.000 Madegassen und viele Franzosen das Leben kostete. Die erste Phase der Dekolonialisierung begann mit der Unabhängigkeit 1960, und sie dauerte unter der Präsidentschaft des Lehrers Tsiranana bis 1972. Noch 1965 hat es in dem souveränen Madagaskar französische Distriktchefs gegeben.

Der Militär Didier Ratsiraka schlug 1975 einen schärferen Abgrenzungskurs ein. Er verkündete die Madegassische Revolution und machte die Insel zu einer Sozialistischen Volksrepublik. Die wichtigsten Industriezweige, die Banken und der Handel wurden verstaatlicht. Ziel der Revolution war ein stetiger wirtschaftlicher Aufschwung, getragen von der Anstrengung aller bis zum Jahr 2000. Seine ideologische Basis holte sich Ratsiraka, der sich 1975 durch eine Wahl als Präsident bestätigen ließ, bei dem nordkoreanischen Staatschef Kim Il Sung. Auch Ratsiraka schrieb ein *Kleines Rotes Buch.*

Gleich nachdem der Kommissar mich ins *Colbert* gefahren hatte, nahm ich ein Bad, entspannte mich ein bißchen und ging hinunter ins Café, das zur Straße hin eine offene Terrasse hatte. Ein Mädchen lächelte mich an, sie saß mit einer zweiten Schwarzen am Tisch. Der erste Abend in einer fremden Stadt, 11.000 km von Europa entfernt, 19 Stunden im Flugzeug und 9 auf der Wache.

„Eviane."

Und das sei ihre Schwester: „Chlothilde."

Ob ich im *Colbert* wohne?

Eviane sei Psychologiestudentin aus der Gegend von Antsirabe, verbrächte ihre Ferien in Tana und gehe im April nach Frankreich.

„Wie lange wirst du mich lieben?"

Ganz plötzlich hatte sie Hunger. Mittags hatte sie wieder Hunger und nach der Mahlzeit wickelte sie ein Kotelett in eine Serviette und tat es in ihre Handtasche, für Chlothilde.

Um zwei kam ein Anruf.

Provençal.

Am Telefon wolle er nicht sprechen.

Er würde mich gleich im Hotel aufsuchen.

Gehen Sie nicht zu Provençal nach Tzimbazaza, hatte der Kommissar gesagt, das fiel mir jetzt ein, und als Provençal ins Zimmer kam, erklärte ich ihm, daß ich noch im Hotel bleiben wollte. Am Abend könnte ich ihn ja besuchen.

Das Telefon läutete. Er griff zum Hörer und sagte, daß ich nicht zu sprechen wäre.

„Keine Huren", entschied er.

„Sie hat aber kein Geld verlangt." Beim ersten Mal verlangten sie nie was. Alle *puts* arbeiteten für die politische Polizei, und um meine Sicherheit zu garantieren, für die er sich nach dem Zwischenfall verantwortlich fühlte, müßte er darauf bestehen, daß ich in sein Haus käme.

Am 25. Januar 1982 sendete Radio Madagaskar ein Kommuniqué des Präsidenten Ratsiraka, das mitteilte, daß ein Komplott entdeckt worden sei. Es habe zum Ziel gehabt, ihn, den Präsidenten, seine Familie und die Mitglieder seines Kabinetts zu ermorden.

„Ein Priester hat einen *Mpimasy* (Zauberer) gekauft, um mich, den Revolutionsrat und die Minister auszuschalten. Es mag erstaunlich klingen, aber er hat tatsächlich die Dienste eines *Mpimasy* in Anspruch genommen, um Blitze in die Häuser von Regierungsmitgliedern einschlagen zu lassen. Nach dem Plan, den wir bei den Verschwörern entdeckt haben, bestand die Absicht, mich mit einer Ladung Dynamit zu töten, falls es der Blitz nicht schaffen sollte."

„Niemand hatte erwartet, daß ein angesehener Bürger und guter Familienvater, aktiv in seiner Gemeinde und großer Spaßvogel bei der Arbeit: Rasolofo, Colonel der Volksarmee, oder ein Priester wie Joseph Noel Randrianoelisoa, Exeget des Evangeliums und dessen 'Du sollst nicht töten', sowie Kämpfer der AREMA (Avantgarde de la Révolution Malgache), die auf Versammlungen den Namen Ratsirak skandierten, zu den Organisatoren des verhinderten Komplotts gehörten." Das schrieb *Afrique/Asie,* eine Zeitschrift, die nicht von der Regierungslinie abweicht.

Ebenfalls im Januar 1982 versuchten südafrikanische Söldner auf den Seychellen, nördlich von Madagaskar, einen Staatsstreich. Er mißlang, aber unter den madegassischen Sicherheitskräften verbreitete sich die Söldnerfurcht. „Die Behörden schließen nicht aus, daß sich gekaufte Killer im Land herumtreiben."

Man sprach von einem nicht auszuschließenden Angriff südafrikanischer Fallschirmjäger. Im Süden Mozambiques unterstützte Südafrika Rebellen einer Résistance Nationale von Mozambique (R.N.M.) gegen die *Frelimo,* die Einheitspartei des Landes. Man durfte annehmen, daß eine Volksrepublik mit Linkskurs wie Madagaskar zu den Feinden des rassistischen Regimes in Pretoria zählte. Keiner in Madagaskar, gleich welcher Hautfarbe, wünschte eine Veränderung nach südafrikanischem Muster. Zwar gab es auf der großen Insel historische Feindschaften zwischen Stämmen, aber keinen Rassismus Weiß gegen Schwarz oder umgekehrt. Auf der Straße wurde die Meinung geäußert, daß das Komplott, wenn es existiert hätte, als Propaganda genutzt worden wäre, um von den wirtschaftlichen Schwierigkeiten der Regierung Ratsiraka abzulenken. Ratsiraka wurde eine Komplott-Paranoia nachgesagt. Er schliefe aus Angst vor Mördern jede Nacht in einem anderen Haus. Sein Vorgänger im Amt des Präsidenten war ermordet worden. Seine Leiche wurde, sozusagen, auf offener Straße erschossen. Beteiligte sollen ausgesagt haben, daß der Politiker schon Stunden vorher umgebracht worden sei.

Aus diesen politischen Hintergründen erklärt sich die Operette, deren Zeuge ich wurde. Der Söldner-Look entsprach dem Feindbild, und ich hatte mir für die Reise in die Tropen gebrauchte Stiefel der US-Army gekauft, kräftige Botten, und eine Militärhose, ausgewaschener, harter Drillich von der spanischen Armee, second hand. Stingl, den sie jetzt in Ambohibao festhielten, hatte sich, abenteuerlich geschminkt, schwarze Flecken von Theaterfarbe im Gesicht und auf dem nackten Oberkörper, abgesägte Spielzeugrevolver im Gürtel, mit zwei Huren im Schlepptau, nachts in den Straßen von Tananarive und in den Nachtclubs herumgetrieben. In den Nachtclubs saßen wohlgenährte Herren an der Bar und konsumierten Whisky. Sie waren eine Spur zu gut gebaut, um nur für harmlose Zecher gehalten zu werden.

„Arrive jeudi le 11.“

Komme Dienstag den 11., hatte ich ins *Colbert* telegrafiert. Aber schon am 6. war Stingl, der auffällige Deutsche, im Haus des *Coopérant* Alain Provençal in Tsimbazaza von bewaffneten Beamten des Staatsschutzes DGID verhaftet worden.

Provençal hatte kurz zuvor das Haus verlassen.

Das Gastrecht ist auf Madagaskar heilig.

„Wer deinen Gast, deinen *Vahin,* in deinem eigenen Haus angreift, den darfst du töten!“ *Loi malgache.* Das ist madegassisches Gesetz. Provençal sprach sehr gut malgache. Er zitierte das Gesetz in der Landessprache jedem, der es hören oder nicht hören wollte, und jeder, der es hörte, nickte oder war ganz still oder lachte irritiert – aber keiner bestritt die Heiligkeit des Brauchs. Auch Mahasumpa nicht, die Nummer 1 der DGID und Schwager Ratsirakas, des Präsidenten.

„Nous sommes extrêmement méfiant“, sagte Mahasumpa. Wir haben Anlaß zu äußerstem Mißtrauen.

Die Komplott-Paranoia nach dem 28. Januar war noch vorhanden, und aus ihr erklärte sich die Überreaktion, die zur Verhaftung Stingls geführt hatte.

„Wenn er ein Söldner ist, wie ihr behauptet, warum verhaftet ihr mich nicht?“ provozierte Procençal. „Ihr habt ihn in meinem Haus verhaftet, also bin ich Komplize, oder?“

„Was du getan hast, wird dir auf den Kopf fallen“, fügte er hinzu. Madegassisches Sprichwort, und Provençal sprach, wie gesagt, diese Sprache sehr gut. Es war wahr, er ließ keine Gelegenheit aus, die DGID lächerlich zu machen. Ein Klima der Gewalt lag in der Luft, oder genauer: in den Worten und in den körperlichen Kampfdemonstrationen. Jetzt, da wir nach mehreren Besuchen in Ambohibao wußten, wie die Polit-Spitzel aussahen, stellten wir fest, daß sie überall waren. Im *Hotel de France,* im *Vingt-Quatre-Heures,* im *Caveau* und im *Kaleidoscop* und in Wagen davor, die mit vier Mann besetzt waren. Im *Vingt-Quatre-Heures,* einem billigen madegassischen Restaurant, das nach amerikanischer Art 24 Stunden geöffnet hatte, saß gleich ein ganzer Tisch voll kleiner Spitzel. „On n'aime pas les journalistes“ – Wir mögen keine Journalisten.

Mamy wohnte im Haus von Provençal. Er war halb Vietnamese, halb Madegasse. Mamy trug immer ein Nunschako unterm Jackett, wenn er ausging. Das Nunschako besteht aus zwei Kanthölzern, die mit einer Kette verbunden sind. Das eine Kantholz hält man in der Faust, und das andere schwingt man über dem Kopf. Damit kann man sich fünf Leute vom Hals halten. Er selbst hatte das Ding schon dreimal auf den Schädel bekommen, erzählte Mamy stolz. Mamy hatte lange Narben auf der Brust. Eine Flasche zerbrochen und durch das Fleisch gezogen: als geistige Übung, um die eigene Härte zu erfahren.

Mamy erzählte auch von den Kämpfen in den Dörfern, bei denen der beste Kämpfer ermittelt würde, immer einer gegen einen, bis der Stärkste übrigbliebe, ein Brauch, ein Ritual, ein Volksfest.

Es gab Momente, wo die Wirklichkeit wie im Kino aussah oder wie im Reiseprospekt. Nachts, in einer dunklen Seitenstraße, sprang ein Mann aus einem Wagen, griff in die Jacke, zog einen Colt und entsicherte. Der Mann war bullig. Er war früher Boxchampion im Halbschwer von Tana gewesen. Der Mann neben mir, Provençal, trug Jeans, eine schwarze Lederjacke und einen schwarzen Hut. Er hatte immer ein Messer bei sich, aber als er merkte, daß er mit einem Revolver bedroht wurde, schob er es blitzschnell über das Autodach zu Mamy, um dem Angreifer keinen Vorwand zu liefern.

Wer war der Mann mit dem Revolver? War er vom DGID beauftragt, um die Geschichte kalt zu beenden? Ein Staatsschutz-Mafiosi?

Nach dem Krieg in Algerien hatte der französische Geheimdienst Killer aus Marseille eingesetzt, um die Führer der OAS, die um Frankreich herum in London, Wien, Genf saßen, aus dem Weg zu schaffen. Als Belohnung erhielten diese Staatsdiener die Konzessionen für die Spielkasinos von Djibouti, St. Denis auf La Réunion und Tananarive. Wahr oder eine Story? Provençal jedenfalls war in diesem Moment nicht sicher, ob er nicht niedergeschossen würde.

Der *pistolero* war kein vom Geheimdienst bestellter Killer, wie sich herausstellte, sondern es handelte sich um Alex. Ihm gehörten vier der fünf Nachtclubs der Stadt. Leute seiner Couleur fühlen sich manchmal berufen, Gesetz zu spielen. Aber auch Alex hatte kein Recht, mit Revolvern herumzufuchteln. Schließlich besaß Madagaskar eine Rechtsordnung. Provençal erhob noch in derselben Nacht auf dem Polizeiposten von Tzimbazaza Anklage wegen Morddrohung. Fünf Zeugen, darunter ich, bestätigten die Wahrheit des Vorfalls. Alex tat gut daran, sich zu entschuldigen, was er auch machte: am nächsten Morgen bei einem Kaffee im Hotel Colbert. Provençal zog die Klage zurück, und an den nächsten Abenden waren wir überall *welcome* und die Drinks „schon bezahlt".

Das Gastrecht ist heilig, aber Stingl, der Deutsche, der ausgewiesen wurde, hatte ein *fady* verletzt. Etwas, was dem Volk heilig ist.

In der Nähe von Tana gibt es eine bescheidene Gedenkstätte. Sie erinnert an eine Königin, die im letzten Jahrhundert die Große Insel zum ersten Mal vereinigt hat. Die Stätte war geschlossen gewesen, als Stingl in Begleitung seines Gastgebers und einer Prostituierten angekommen war. Provençal erinnerte sich an diesen Vorfall, als wir den Zauberer Xhi besuchten. Die Wächter hätten gegen ein Entgelt die Gedenkstätte geöffnet. Provençal hätte draußen gewartet und der Deutsche und die Prostituierte wären hineingegangen. Stingl wollte die Prostituierte in der Kultstätte nackt fotografieren. Zwar war bei der politischen Polizei davon nie die Rede ... Man sagt, daß auf Madagaskar Zauber und Gegenzauber lebendig seien. Doch Stingl hatte zuviel Zauber gemacht. „Für die Blasphemie hätte ich ihn auch eingelocht", meinte Provençal.

Um abzuwarten, daß die Lage sich beruhigte, beschloß ich, in den Süden auszuweichen. Der ruhigere Teil meiner Reise begann. Provençal empfahl mir seinen Freund La Place, der in der Nähe von Tulear als Fischer lebte und einer der größten Spezialisten tropischer Fische wäre. Tulear konnte man auf dem Landweg nicht erreichen. Hinter Fianarantsoa war die Piste durch den Regen unpassierbar geworden. Ich war ganz froh darüber, denn ich verspürte wenig Lust auf ein Busch-Taxi. Die Wagen bieten 20 Passagieren Platz, aber häufig sitzen 50 darin. Die sengende Hitze, die qualvolle Enge und die endlose, holprige Strecke: das war zuviel für meine schwache Gesundheit.

La Place saß auf der Veranda eines Hauses. Er war damit beschäftigt, mit einem Sieb Korn von Schmutz und kleinen Steinen zu befreien. Das Haus hatte Hervé gemietet, der von der Regierung den Auftrag bekommen hatte, die Bestattungszeremonien zu filmen, wenn irgendwo ein König gestorben war. La Place war Ende 30, blond und zurückhaltend freundlich. Er mahlte das Korn mit einer Handmühle und buk das Brot selbst. Er bereitete außerdem mit Genuß die Mahlzeiten vor. Er lebte seit 12 Jahren auf der Insel. La Place war der einzige Madegasse oder Franzose, der nie davon sprach, „bald nach Europa zu gehen". Er hatte sich aus Europa abgesetzt, um ein neues Leben unter dem Vorzeichen der Sonne und des Meeres anzufangen. Seine Gedanken kreisten um den Komplex Idealismus-Realismus. Er lehnte den Idealismus ab, obgleich er sich unausgesprochen eingestehen mußte, daß in seinem eigenen Verhalten eine ganze Menge davon enthalten war. Sein Entschluß, Europa den Rücken zu kehren, ging auf nicht gerade schwache Idealvorstellungen von einem anderen Leben zurück. Aber er hatte sie in die Tat umgesetzt. Von den Schwierigkeiten verrieten allenfalls die Falten neben seinem Mund etwas. Er tat viel dafür, sich körperlich in Form zu halten. Und auch ich merkte, wie ich eine andere Haltung einnahm, die Brust mehr herausstreckte und aufrechter ging. La Place hatte in vielen Dörfern am Meer mit den Einheimischen gelebt. Er sprach das Madegassische wie seine eigene Sprache. Er tauchte mit Bleigürtel und Flossen und harpunierte Fische. Er kannte alle Fischgründe um die große Insel und bevorzugte den Süden.

Die Ausfallstraße ist ein Topos der Weltgeographie, etwas, das überall am Rande der Städte existiert und in veränderter Form wiederkehrt. Die Metamorphosen dieser Verbindungen zu den äußeren Bezirken und zum flachen Land haben mich immer fasziniert. In Tulear war die Straße aus der Stadt eine breite Sandpiste. Ausfallstraßen sind morgens und abends am meisten bevölkert. Es war morgens sechs Uhr. Sehr viele Leute kamen uns auf der Piste entgegen. Alle zu Fuß. Frauen trugen enorme Bündel auf dem Kopf. Schilf, der zum Bau der Hütten verwendet wird. Männer hatten zwei Bündel, die durch ein Holz verbunden waren, senkrecht auf der Schulter. Sie brachten das

Material über 10–15 Kilometer zum Markt in Tulear. Mühselig. Ein Bild der Anstrengung und des Leidens wie ein Gemälde von Edvard Munch. Von La Place, der ein Madegasse geworden war, lernte ich eine Menge. Das Schilf wurde in einem Dorf gebündelt, das vor Tulear an einem Sumpf lag. Der letzte Schrei im Hausbau war Wellblech. In dem Schilfschneidedorf gab es schon ein großes, blaugestrichenes Wellblechhaus. La Place erklärte mir, was ein Kapok ist. Ein Kapok ist die universelle madegassische Maßeinheit. Ein Kapok ist eine Nestlemilchdose, deren Deckel ausgeschnitten ist. Ein Kapok Reis enthält die Tagesmahlzeit eines Mannes. 3 1/2 Kapok Reis sind ein Kilo.

Im traditionellen madegassischen Rat wurden alle Entscheidungen einstimmig gefaßt. War von 10 einer gegen den Plan, so konnte er nicht gefaßt werden. Die Beratungen wurden solange weitergeführt, bis auch der letzte seine Zustimmung gegeben hatte. „Boff", sagte Provençal, dem ich davon erzählte, „es konnte genauso gut vorkommen, daß sie den letzten einfach umlegten." La Place erklärte mir, daß die einstimmige Entscheidung kein Sowjetimport wäre, sondern ursprünglicher madegassischer Sozialismus. So liefe auch die Wahl der Präsidenten mit 99,9 % nicht madegassischem Brauch zuwider, sondern bestätige ihn, auch wenn die Zahlen frisiert wären.

Die Frauen in dem Fischerdorf Ifaty saßen im Sand, flach auf der Erde. Sie schälten Mais, hatten Kinder an der Brust, nähten. Die Männer waren mit den Pirogen beschäftigt. Die Piroge ist von vollendeter Form, wenn nach dem Schälen aus einem einzigen Baum möglichst keine Teile mehr angefügt werden müssen.

Nie ein böser Blick von einem Madegassen.

„Vaza, vaza", schrien die Kinder, die im lehmigen Bach badeten.

Vaza ist der Fremde.

Der Zauberer Xhi wohnte im Garten am Fluß Sisun. Als das Wasser nach dem Regen stieg, hatte er den Fluß mit magischen Ritualen dazu gebracht, hinter den Deichen zu bleiben. Sein

Garten war ein Paradies. „Paradies“, sagte Xhi, „das ist auf malgasch ‘farandy’“.

Farandy heißt: Das Letzte, das Ende. Das Paradies liegt am Ende, nicht am Beginn der Schöpfung. Vor dem 2. Weltkrieg habe man die Juden auf Madagaskar ansiedeln wollen, wußte er zu erzählen. Sie wären ausgezeichnet bedient gewesen mit der großen Insel. Xhi schüttete Rum in den Teich. Eine Opfergabe für das Krokodil. Es gab aber natürlich gar kein Krokodil im Teich. Fiktion und Wirklichkeit vermischten sich, aber das darf man zumindest von einem Zauberer erwarten.

Einmal wäre er einem madegassischen Taucher begegnet, erzählte La Place. „Er benutzte nicht das moderne Unterwassergewehr, dessen Pfeil von einem gespannten Gummizug abgeschnellt wird. Er hatte einen Speer. Ich erklärte ihm die Vorzüge des Gewehrs. Er hörte sich alles an. Dann sagte er nur: ‘Ich bin nicht daran gewöhnt.’ Wenn ich einen Fisch fing, fing er zwei.“ Und La Place war ein sehr fähiger Unterwasserjäger. An dem Morgen, als ich mit ihm fischte, tat er nicht einen einzigen Fehlschuß. Der Einheimische aber war im Vorteil gewesen, weil er nicht erst laden mußte. Das Spannen und Einklinken des Gummizuges verlangte eine beträchtliche Muskelkraft und kostete Zeit, und währenddessen war der Mann mit der Lanze schon längst wieder getaucht. Die Madegassen, glaube ich, haben eine praktische Vernunft. Zwar bin ich kein Ethnologe und beschäftige mich nicht mit der systematischen Erforschung der Vergangenheit, sondern beobachte lieber den Moment, aber in der *Geschichte der Könige* las ich eine bezeichnende Stelle. Da erklärte der König den Reishändlern, daß sie, welche Geschäfte sie ansonsten auch immer machten, doch eine Maßeinheit Reis zu einem so niedrigen Preis führen müßten, daß sie auch für den Ärmsten erschwinglich sei. Hielten sich die Händler nicht daran, würden sie das Recht verlieren, mit Reis zu handeln. Und an die Reichen gab der König die Anweisung, bei ihren Einkäufen auf den Märkten diesen Reichtum nicht zu zeigen, denn er verlocke zum Diebstahl.

Antananarivo, die „Stadt der Tausend“. Um 1600 zog ein König von Madagaskar hier 1000 Soldaten zusammen. Aus der Entfernung in der Ebene gesehen, erinnerten mich die verstreuten Häuser, das Wasser, dazwischen das Grün und Weiß und vor allem das Licht aus geöffnetem Himmel an Gemälde von Caspar David Friedrich.

Hundert Dörfer machen eine Stadt, und dörflich war noch, daß jeder sofort alles wußte. Das Von-Mund-zu-Mund-Telefon funktionierte besser als das wirkliche. Das war häufig kaputt. Der Regen, die Nonchalance, Materialengpässe? Das Gerücht spielte eine große Rolle. Es gab noch keine „dichtbebaute Medienlandschaft“. So war eben das Meldung, was die Leute erzählten. In Nosy Be sollten die Hotels angegriffen worden sein. Nosy Be war das einzige Touristen-El-Dorado im Norden mit Hotels für europäische Ansprüche. War die Versorgungslage schon so elend? „In der Gegend von Antsirabe sind die Leute verzweifelt, und es regnet“, erzählte Roger, der mit dem Auto da durchgekommen war. Übrigens haben alle Madegassen französische Vornamen. Im Süden hätten Heuschrecken die Ernte vernichtet. Man hätte den Zeitpunkt verpaßt, vom Flugzeug aus diese schweren Insektizide zu verspritzen, wo 0,2 Kubikzentimeter für einen Quadratkilometer genügen. Wenn die Heuschrecken erstmal Larven gebildet haben, gibt es kein Mittel mehr gegen sie. Die Gefräßigkeit dieser Insekten ist unvorstellbar. Wenn sie auf einen Baum einfallen, bleibt dem kein Fetzelchen Laubwerk. Sie fressen alles. Wo die Heuschrecken durchgekommen sind, bleibt Wüste. Sie verschonen nicht mal eine Dahlie im Garten. Jetzt hatte sich sogar der Himmel mit Heuschrecken und Überschwemmung gegen das Regime verschworen. Ein Straßenbauingenieur, der in der Gegend von Fianarantsoa im Süden an der Verbindung Tana-Tulear arbeitete, berichtete, daß die Bauern die Bautrupps um einen Teil ihrer Ration gebeten hätten.

„Sind sie aufsässig?“

„Nein, bescheiden und fatalistisch.“

„Früher gingen die Leute aus der Stadt in den Busch, um

zu essen zu holen, jetzt kommen die Leute aus dem Busch in die Stadt“, schrieb *Madagaskar Matin.* Wie ernst war die Versorgungslage wirklich? „Die Hungernden aus dem Süden ziehen nach Norden auf die Hauptstadt zu. Sie plündern die Läden der Hindus. Man läßt das zwei Tage zu. Dann schießt man in die Menge ...“ Eine Vision oder nahe Zukunft? Die Bidonvilles, die sich wie eine krebsartige Halskrause um die Stadt legen ... Mangel, *pénurie,* das war unaufhörliches Thema. Reis fehlte. Die normale Einfuhr war 1974 100.000 t Reis auf Kredit aus Rotchina. Das war, wenn man es überlegt, nicht viel, gerade fünf 20.000 t-Schiffe im Jahr, und mit 5 % Steigerung der Erträge hätte Madagaskar sich selbst mit Reis versorgen können. Aber wie wollte man bei dem Devisenmangel die Erntekatastrophe dieses Jahres abfangen? Und Medikamente fehlten. Das Malariamittel, das mir der Professor bei meinem Anfall aufschrieb, war in keiner Apotheke zu erhalten. Das Gesundheitswesen war für ein Land der 3. Welt gut entwickelt. Dem Reisenden wurde bei der Ankunft kostenlose Behandlung zugesichert. Die Taxifahrer stellten bergab immer den Motor ab, um Benzin zu sparen. Es gab kein Motoröl, kein Speiseöl, keine Butter. Außer natürlich für teures Geld auf dem Schwarzmarkt. Als ich am Zoma, dem Markt von Tana, vorbeiging, stieg ein strenger Geruch von Schufterei und Schweiß in meine Nase. Aber zu essen sah ich immer noch genug, und wären es die vielen lebenden Hühner und Gänse, die auf einen Käufer warteten. „Tana war noch nie so schmutzig“, die Leute wuschen sich nicht, es gab ja keine Seife, die hygienischen Bedingungen waren schlecht. Es hatte Fälle von Pest gegeben. Das Lycée Galliéni war im letzten Jahr nach fünf Pesttoten unter den Schülern geschlossen gewesen. Noch immer treten gelegentlich Fälle auf, aber diese Plage des Mittelalters ist nicht epidemisch, und sie wäre mit Medikamenten leicht zu bekämpfen. Die Rechnungen bei den europäischen Firmen sind seit fünf Jahren nicht bezahlt worden, sagte mir ein Arzt. Der revolutionäre Plan, hundert neue Ärzte pro Jahr zuzulassen: reine Utopie. Es gäbe nicht mal Geld für zehn.

Aber in diesem Reden über den Mangel ist auch ein Teil wohligen Schauderns derjenigen, denen es bis jetzt noch ziemlich gut geht. Die soziale Sicherheit ist der Zusammenhang der Familie. Wenn nur ein paar Mitglieder etwas verdienen, schaffen sie es, die Mäuler der anderen zu stopfen.

Das Hotel de France, wo die Franzosen, die *flics,* die Huren und die Touristen saßen, errichtete stahlgittergeschütztes Glas um seine Terrasse unter den Arkaden des Boulevards der Unabhängigkeit.

„Madagaskar, c'est foutu."

Madagaskar ist erledigt.

Tatsache oder Gerücht?

Tödlicher Ernst einer nahen Zukunft oder mieser Pessimismus derjenigen, die von Europa träumen?

Morgens um sechs stand ich in der Wartehalle des Bahnhofs von Antananarivo. Der Zug nach Tamatave sollte um 6 Uhr 30 abfahren. Um zehn Minuten vor sechs hatte noch keiner der hin- und herlaufenden Beamten zum Kartenverkauf Platz genommen. Durch die Bahnhofshalle zog sich eine Schlange von vielleicht 200 Wartenden mit Gepäck. Ich schloß mich hinten an. Ich merkte nach einer Weile, daß es noch eine zweite Schlange gab. Sie zählte ungefähr 20 Leute. Es war die Schlange der 1. Klasse-Reisenden. Einige Inder darunter. Der einzige Weiße in der Bahnhofshalle war ich. Eine Fahrkarte 1. Klasse von Tananarive bis Tamatave, dem Hafen an der Ostküste, kostete 40 Mark für eine Strecke von 372 km. Die Fahrzeit betrug 12 bis 16 Stunden. Der Höhenunterschied ist 1.700 Meter.

Das alles war mir an diesem Morgen ziemlich egal. Ich war ausgelaugt von einer kaum überstandenen Malaria und hatte das dringende Bedürfnis, aus der Stadt herauszukommen. Wie jede Großstadt hatte auch Tana eine hektische Ausstrahlung, stinkenden Verkehr, eine Atmosphäre von Kampf ums Dasein und nichtstuendem Herumlaufen zahlreicher Individuen. Kein Platz, um sich zu entspannen. Eine Lautsprecherdurchsage auf malgasch verkündete, der Zug habe Verspätung und würde gegen acht fahren. „Eboulement“, hörte ich. Irgendwo sei ein Erdrutsch auf die Gleise niedergegangen. Es hatte die ganze Nacht geregnet.

Die Straße nach Tamatave ist nur zur Hälfte bis zur Stadt Moramanga asphaltiert, aber auch die asphaltierte Straße erlaubt noch lange keine problemlose Passage. Die Regenzeit von Dezember bis April wäscht riesige Löcher in den Belag. Der Abschnitt Moramanga–Tamatave ist in dieser Zeit unpassierbar. Die einzig halbwegs sichere Landverbindung bleibt also die Eisenbahn, die alle wichtigen Importgüter, vor allem das Benzin, heraufbringt. Die Eisenbahn befindet sich in schlechtem Materialzustand und häufig gibt es Entgleisungen. Die Chinesen haben schon die Eisenbahn gebaut, allerdings als Kulis der Franzosen. Jetzt bauen chinesische Straßenbaufirmen an dem Stück Moramanga–Tamatave. Bis zur Vollendung werden Jahre vergehen. Die Schwierigkeit ist die Steigung durch den tropischen Regenwald, und es steht in den Sternen, wann diese Verkehrsverbindung, die von äußerster Wichtigkeit für die Versorgung der Metropole ist, fertig sein wird, und selbst wenn das geschehen ist, wird die Straße jedes Jahr wieder von Erdrutsch und Auswaschung bedroht sein. Der schlechte Zustand der Pisten ist ein Hauptproblem der Infrastruktur, auch nach Süden, nach Tulear, ist die Piste ein halbes Jahr lang abgeschnitten. Die einzige Chance, problemlos zu reisen und die wichtigsten Güter zu versenden, ist *Air Madagascar.*

Die Boeing 737 der *Air Madagascar* landete um 11 Uhr in Tamatave. Auf einer Tafel hinter der Abfertigung war mit Kreide Ste. Marie 13^{00} geschrieben. Die Tropen gefielen mir gut, ich fühlte mich, als ob ich schwebte. Was mir nicht gefiel, war dieses Alleinreisen. Seit diesem Morgen hatte alles einen verschwommenen, milchig-öligen Geschmack. Meine Eingeweide waren von einem hauchdünnen Ölfilm überzogen.

„Avez-vous un peu d'lait?“

„Pas de lait.“

Brauner Zucker, der in schwarzen Kaffee in einer ausgebleichten rosa Tasse tropfte. Aus der Musikbox Tom Jones.

Die Verlassenheit eines Tropenflughafens, bitterer Schweißgeruch, der aus meinem Hemd dampfte. Durch die offene Tür des Flughafenrestaurants mit vereinzelt Wartenden wehte ein Windhauch, Händezittern des einsamen Hemingway und ein amerikanischer Countrysong: *Down the south where the waters flow, down by the bank of the O-hi-o.* Und noch ein anderer Song: *I'm not prepared for eternity.* Ich bin nicht auf die Ewigkeit vorbereitet. Hat ein Buschflugzeug etwas Pionierhaftes?

Ich schrieb in den nächsten Tagen eine Menge, lauter private Sachen, die sich nicht zur Mitteilung eigneten. Es gab keine Informationen, und von den Menschen hielt ich mich fern. Es gab keine Elektrizität und kein Radio.

„C'est paradisiaque!"

Es ist paradiesisch!

Ste. Marie ist fünfzig Kilometer lang und ein bis zwei Kilometer breit. Einmal am Tag kam die *Twin Otter* von Tamatave, gut eine Stunde Flugzeit, wenn sie kam ... Ich hatte beobachtet, daß sie zur Landung hundert Meter brauchte, dann stand sie auf der Piste. Der Pilot hielt die Tür zum Cockpit während des Fluges offen. Über den Aufenthalt auf Ste. Marie gibt es nicht viel zu erzählen, und doch möchte ich etwas sagen. Ich kann die einfachen Wahrnehmungen aufzählen, das Moskitonetz und die Hütte, der rote Krebs auf den schwarzen Steinen und der Schwarze, der die Büffel am Strand entlangtrieb. Die Hütte stand auf Holzpfählen, damit der tropische Regen darunter wegfließen konnte. Drinnen war sie mit Bambusmatten ausgelegt. Was ich sagen oder zumindest erwähnen und andeuten möchte, ist was anderes. Nicht die verhohlene Panik der Einsamkeit, obgleich es vielleicht damit zu tun hat. Der Kellner hatte mein Gedeck allein auf einen Tisch gestellt, und die leere Stuhllehne gegenüber grinste mich an.

Einmal nachmittags war die schwere, würzige Spätsommerluft so berauschend und umschließend wie in den entfernten Tagen der Kindheit. Dieses plötzliche, schnelle und doch ruhige, aber auch beängstigende Hochtauchen von Erinnerungen. Es ist verständlich, daß Ste. Marie mich an die Kindheit erinnerte.

Auch da lebte ich weit außerhalb des Dorfes auf einem Hof. Ich kannte Sommer voll Sonne, in denen nur die Landschaft zählte, das Moor, der Sand, der Bach, das Kornmähen, der Leiterwagen mit Pferden, die Dreschmaschine.

Auch die Erinnerungen an die anderen Abschnitte meines Lebens waren klar, ruhig, deutlich und unterschieden. Ich legte mir sogar eine Liste an. Ich zählte zwölf Abschnitte, jetzt war ich im dreizehnten und der war der unsicherste. Einmal schien von der Landschaft etwas Todessüchtiges auszugehen. Es war in mir, und es war in der Landschaft. Die Stämme der Palmen waren grau ausgebleicht, und ich machte mir deutlich, daß das Todessüchtige aus dieser Farbe hervorsprang. Ich erklärte mir auch, daß meine Angst und die Zweifel nicht berechtigt wären. Zwar hatte ich seit einigen Jahren keine eigene Wohnung mehr in Deutschland und mußte unter anderem damit dafür büßen, daß ich mich aufs Schreiben eingelassen hatte, das eine unsichere, verächtliche Existenz bedeutete, aber dieses zweifelhafte Leben hatte mich auch nach Madagaskar geführt und nach Ste. Marie.

Am vierten Tag bekam ich Appetit, einen Kaffee auf dem Bahnhof von Frankfurt am Main zu trinken. Ich hatte Lust, ins Theater zu gehen! In Tamatave gab es keinen Anschluß nach Tana. Kein Kerosin, die Boeing käme morgen erst. Ich stieg in einem Hotel hinter dem Bahnhof ab. Das Bett hatte keine Decke, nur eine nackte, weiße Fläche, so heiß war es. Ein großer Ventilator *made in China* rührte in der heißen Luft. Ich traf zum ersten Mal einen deutschen Touristen, der über die Preise klagte und einen ebenso enttäuschten Italiener, von dem ich mir ein bißchen italienisch sprechen ließ, der vor sieben Jahren auf Madagaskar gewesen war und die Vergangenheit nicht mehr wiederfand. Er nörgelte, daß alles bergab ginge. Ein salopper Mann aus Korea packte seine Arriflex auf den Kaffeehaustisch. Am Morgen beim Frühstück suchte ich wie ein Automat Indizien für den Verfall und sah Löcher im Zementboden. Die Löcher durften normalerweise nicht existieren.

Die französisch-madegassischen Beziehungen würden sich

verbessern. In Frankreich war Mitterand an der Macht, ein Sozialist, und auch Ratsiraka war Sozialist. Die Warteschlangen vor den Autobussen auf dem Boulevard de l'Indépendance erreichten schön geschwungen hundert Meter. Der revolutionär-gauchistische Kurs verschnupfte angeblich die West-Kapitalisten. Und doch bin ich sicher, daß allen Unkereien zum Trotz die Große Insel eine Zukunft hat. Ein Überbevölkerungsproblem gibt es nicht. Die Landwirtschaft dieses fruchtbaren tropischen Landes müßte normalerweise seine Bevölkerung bestens ernähren. Wie in fast allen Entwicklungsländern ist die Korruption ein großes Problem. 120 *élus,* Gewählte, Leute mit Funktion in der Warenverteilung, sitzen im Gefängnis. Alle Erzeugnisse werden vom Staat aufgekauft und verteilt. Nimmt man die Landwirtschaft als Beispiel, so verdienen die Bauern auf dem Schwarzmarkt natürlich mehr, und es ist klar, daß sie versuchen, diesen Markt auch zu beliefern. Der Schwarzmarkt wird, wie zu hören ist, auch aus den Vorräten des Staates gespeist. Der Franc Malgache ist nicht konvertibel, er ist außerhalb Madagaskars nichts wert, also versuchen die Leute, Französische Francs zu kaufen, Geld wird zu einer Ware. Auf dem Schwarzmarkt ist der Franc Français zwei- bis dreimal soviel wert wie beim offiziellen Umtausch. Und wer überhaupt in diesem Spiel um Sicherheit und Besitz mitmachen kann, legt sich in Europa ein Konto an.

„Es gibt weiche Währungen und harte Währungen", erklärte mir einer. Früher gab es zwei, drei Finanzzentren, London, Wallstreet, Paris, jetzt gibt es überall welche, Buenos Aires, Tokio, Singapur, Hongkong, Bangkok, New York, Johannesburg, das Kapital schießt mit der Geschwindigkeit von Telex und Telefon um den Globus, Buenos Aires, Tokio, New York, Singapur, eine rasende Maschine, die immer mehr in Fahrt kommt, sie beginnt zu trudeln, die Kapital-Piloten klammern sich an die Steuerknüppel, versuchen, die Maschine in ihre Gewalt zu bekommen, sie trudelt, fängt sich wieder, kippt ab ...

Der Lehrer, der jeden Abend im Hotel de France saß, brachte die Rede auf einen gewissen Gobineau, der im 19. Jahrhundert

„in einem ausgezeichneten Französisch“ eine Abhandlung über die Ungleichheit der Rassen verfaßt haben sollte, die auf Nietzsche, auf „vous“, auf die Deutschen, auf die Nazis abgefärbt hatte ... Er konnte mich mal mit seiner Ungleichheit der Rassen.

Bei der Abfertigung im Flughafen war nach Zoll, Devisenüberprüfung und Paß die DGID die letzte Kontrolle.

„Hatten Sie einen angenehmen Aufenthalt? Und wie geht es Monsieur Provençal?“ fragte man mich nicht unfreundlich, aber leicht verschlagen.

„Dieu-le-père persönlich hat entschieden, daß man ihn in Ruhe lassen soll.“

Dieu-le-père, das ist Didier Ratsiraka, der Präsident.

Die Tupolew startete mit 25 Passagieren von Antananarivo-Ivato. Die größte Gruppe stellten wieder die Nordkoreaner. Die Bilder von Tana und von Madagaskar wurden bunter, je weiter ich mich entfernte.

San-José-Transit
Notizen aus Costa Rica

Puerto Limon ist eine dieser feuchtheißen, übelbeleumundeten Tropen-Hafenstädte. Als Park hat man ein Stück Regenwald stehengelassen. Zwei Damen lächeln, vermutlich leicht käuflich. Sie trinken mit einem weißen Plastikhalm aus einer grünen Kokosnuß. Die Häuser sind einstöckig oder ebenerdig wie fast überall im Land, und die Farben türkis, hellblau und rosa.

In Limon wie in Cahuita weiter südlich leben eine Menge Schwarze. Ihre Vorfahren wurden von Jamaika und Haiti herübergebracht für den Bau der Eisenbahn von Limon, dem Hafen, durch den Tropischen Regenwald hinauf bis nach San José, der Hauptstadt, auf der kühleren Meseta Central, der zentralen Hochebene.

Übelbeleumundet heißt: man rät einem, nachts nicht allein durch die Straßen zu laufen. Vor ein paar Jahren habe es in Limon aufgrund von Arbeitslosigkeit und Elend in dieser vergessenen Provinz des Landes eine pararevolutionäre Situation gegeben.

Wir fahren mit einem Jeep durch einen Vorort von Limon. Ich halte an und fotografiere ein Haus. Ein Radfahrer fährt ins Bild und sagt: „Thank you." Wir fahren weiter und eine Schwarze, ein Arm ist ihr amputiert, kommt auf den Wagen zu, der an ihr vorüberfährt. Sie haut krachend mit einer Latte auf das Dach. Schlägt auf weiß und Geld und Herrschaft.

Der Reggae in Cahuita paßt mir überhaupt nicht. Irgendwas

ist falsch, nur weiß ich nicht was. Ich sehe die übertriebenen Bewegungen der tanzenden Touristen und die Rastas mit den bunten Mützen. Der Raum ist aus Holz und von innen und außen völlig grün gestrichen. Er ist zugleich Kaufladen und Bar, und wenn eine Platte zu Ende ist, kriecht der Verkäufer-Barmann durch ein Loch in der Wand nach hinten und legt eine neue auf. Wieso merkt keiner, daß dies ein fürchterlicher Bums ist? Nur ich, ich fühle mich elend, bleibe an der Bar sitzen und saufe.

„Dem Papst haben sie in Managua das Mikrofon abgedreht. Die Mütter von siebzehn gefallenen Sandinisten haben ihn gebeten, die Leichen ihrer Söhne als Märtyrer zu segnen, und er hat sich geweigert."

„Das stand aber nicht in der Zeitung."

„Er sprach von Liebe und Frieden, und sie haben ihn ausgepfiffen. Sie haben gesagt: der Papst ist ein Kapitalist!"

In der nächsten Nacht steht ein Schwarzer im Dunkeln neben dem Eingang seines Restaurants. „My god", sagt er unvermittelt, „I saw you last night. You looked like a rude boy. I did not even dare to talk to you. I saw you sitting there and drinking and feeling really bad"; also dem Sinn nach, daß ich wirklich rüde und wild und einsam aussah, als hätte ich nicht den Reggae sondern den Blues gehabt und daß er nicht mal gewagt hätte, mich anzusprechen. Wir kommen ins Gespräch. Er sagt, daß er auch Schriftsteller sei und sich manchmal so beschissen fühle, daß er morgens nicht mal Lust habe, ein Bein aus dem Bett zu setzen. Er kenne Garcia Marquez, sogar sehr gut. Wenn der rede, sei man wirklich beeindruckt. Dabei benutze er nur die einfachsten Worte, die jeder verstehe. „Jeder Dichter ist anti-sozial und ein Rebell. Du bist übersensibel, und wenn du dich schlecht fühlst, mußt du dagegen angehen. Hinter jedem Mann steht eine starke Frau. Schau meine!" Er zeigt sie mir in der Küche. „Ich war in den USA. Wollte nicht zurückkommen. Ich schickte ihr Geld, und als ich zurückkam, hatte sie keinen Pfennig davon ausgegeben. Du mußt Energie abgeben. Mein Gott, ich muß jetzt noch ein Bier haben!" Er holt sich eins, tanzt hinter der Theke und sagt: „Ich bin ein Mann, der viel Energie abgibt."

Plötzlich fängt die Erde an zu zittern. Die Wände zittern, die Decke, die Tische. „Himmel", sagt er, „ein Erdbeben."

Bevor ich abfuhr, hatte ich Namen gelesen wie: Cartago, Puntarenas, Limon, Tortuguero, Golfo Dulce, ohne mir dabei etwas vorstellen zu können, aber doch mit dem Reiz der fremdartigen Versprechungen der unbekannten Laute. Costa Rica hat die Ausdehnung von Holland und Belgien zusammengenommen, aber auf dieser Fläche wohnt nur die Bevölkerungszahl von West-Berlin. Der nördliche Nachbar ist Nicaragua, der südliche Panama. Das Land hat eine relativ kleine, dicht besiedelte Hochebene, das Klima ist dort außergewöhnlich gut. Auf dieser Hochebene liegen auch die Städte: San José, Heredia, Alajuela, Cartago. Außerdem gibt es noch Limon am Atlantik und Puntarenas am Stillen Ozean. Die schönste Vorausinformation ist wohl die, daß das Land keine Armee besitzt. Sie wurde 1948 per Gesetz abgeschafft. Außerdem ist Costa Rica eines der ganz wenigen lateinamerikanischen Länder, die seit dem 19. Jahrhundert fast ununterbrochen demokratisch regiert worden sind. Jeder Präsident darf sein Amt nur für eine Legislaturperiode von vier Jahren ausüben. Man reist mit einem einfachen Personalausweis ein und darf ohne Formalitäten 90 Tage im Land bleiben. Bei unserer Ankunft fragten uns zwei junge Männer: Taxi? Sie holten uns aus der Schlange vor dem Zoll und erklärten, da brauchten wir nicht durch, das seien Freunde. Die beste Reisezeit ist zwischen Dezember und April, dann regnet es am wenigsten, es ist Sommer. Die Entfernung von Europa beträgt 1600 DM.

Das Hellblau der Wände im Restaurant an der Straße, Panamerican Highway gen Norden. Das Rot der Plastik-Kaffeetasse, Gelb der Leuchtröhren an der Decke. Der bevorzugte Holzanstrich türkis, blau, gelb, gelbe Blüten des Baumes Cortes Amarillo, die auf die Straße regnen, Schwarz der abgebrannten Grasflächen. (Das Abbrennen dürfte den Pflug ersetzen.)

Ich, der Reisende oder der Tourist, schaue herum, Richtungen, Preise, Politik, Zeitungen, Bücher, Speisekarten, schaue mit Neugier, die zuhause längst verstumpft ist. Gerade ist der weißgestrichene *Union Club,* Treff der Aristokraten, übertrieben vollständig ausgebrannt. Terror? frage ich den Orchideen-Verkäufer gegenüber. *No, incendio,* ein Brand, ein Feuer.

Ich habe Costa Rica bis auf ein einziges Mal nie als bedrohlich empfunden, das Bedrohliche ist in den Köpfen, in dem, was in der Zukunft kommen könnte, wenn es so weiter geht, und wenn man das übrige Lateinamerika sieht.

Die Bäume an den Hügeln sind laubloses helles Gespinst. In der Ebene davor sind einige Bäume grün, einige dazwischen aber blätterlos bleich. Ich gehe den Weg landeinwärts und sehe einen nackten Baum. Der Stamm ist hellbraun, glatt und glänzend. Beim Näherkommen sehe ich, daß das Braun abschuppt und eine grüne Rinde darunter hervorkommt. Ein Wind weht leicht kühlend vom Land. Jetzt, da es Abend wird, trabt das Vieh selber ohne Hirten durch das immer unverschlossene Gatter.

Auf dem Rückweg sehe ich, daß der Himmel über den dunklen Hügeln zum Meer hin lichtblau ist. Eine Wolkenformation darin wie ein schwarzer schwebender Mund. Sie löst sich auf und ein anderes Gebilde zieht heran, an den Rändern schweflig grün und zur Mitte hin bleich und grau. Es dunkelt, und während die Landschaft schon schwarz wird, bin ich umgeben von schnell wechselnden Farben, lichtocker, grau, blau, lila. Die Farbbezeichnungen sind übrigens ungenau, so daß die Beschreibung eine schöne Beimengung von Erfundenem und Willkürlichem hat.

Auch in der Stadt fällt mir auf, daß die Farben (der Reklameschilder, Anstriche, Auslagen) im Dunkelwerden am einprägsamsten sind.

Im Jahre 1502 sei Costa Rica von Columbus auf seiner vierten Reise entdeckt worden. Die Erwartung reicher Bodenschätze habe sich nicht erfüllt, und über Jahrhunderte sei das Land die verlassenste und ärmste Provinz des von Guatemala aus regierten Mittelamerikanischen Reiches gewesen. „Die meisten vom Spanischen König eingesetzten Gouverneure interessierten sich nicht für die Entwicklung dieser ärmlichen und unbekannten Provinz.“ Der Name Costa Rica sei wahrscheinlich entstanden aus den übertriebenen Erwartungen, welche die ersten Entdecker sich von den Reichtümern dieser Küste machten.

Ich gehe schwimmen und lese dann weiter, daß das Land noch zu Beginn des 19. Jahrhunderts von verstreuten armen Bauern besiedelt gewesen sei, die auf eigene Faust die Wälder rodeten, um Reis, Weizen, Mais und *frijoles* (Bohnen) anzubauen. Wer wollte, konnte Grundbesitzer werden. Es gab Land für alle. Da alle arm gewesen seien, wäre auch schon früh das Gefühl von Gleichheit und gleichem Recht entstanden. Es gab weder Handel noch Industrie noch Reichtum. Die Menschen waren nicht der Laune mächtiger Grundbesitzer ausgesetzt. Nicht einmal die Kirche habe sich hervortun können, denn bei den schwierigen Wegverhältnissen hätten die Leute gar nicht zur Kirche kommen können ... und außerdem hätten sie kaum Kleidung besessen, „um ihre Blöße zu bedecken“. Bis 1821 gehörte Costa Rica zum Spanischen Kolonialreich. Als in Mexiko und in Südamerika unter Generälen wie Simon Bolivar gegen die Spanische Krone gekämpft wurde (die nach der Niederlage in Europa gegen Napoleon ihre Autorität verspielt hatte), passierte in Costa Rica gar nichts. Die Bauern in der *Valle Central* gingen wie eh und je friedlich ihrer Arbeit nach. Die Entscheidungen wurden woanders gefällt. Aber auch die Costaricenser mußten sich entscheiden, und im Jahre 1823 gewannen die Republikaner (oder Liberalen) von San José gegen die Monarchisten (oder Servilen) der alten Hauptstadt Cartago in einem Scharmützel. Seitdem ist San José die Hauptstadt.

Kein Grund zur europäischen Nervosität. Alles spielt sich ein. Das andere Zeitgefühl ist gut für die Nerven. Einen Moment lang habe ich das Gefühl, für ewig den Badenden unter dem Wasserfall zuzuschauen. Moctezuma liegt im Süden der Halbinsel von Nicoya. Am Morgen schlagen zwei Männer mit Hölzern rhythmisch auf einen Stamm, der auf dem Bau verwendet werden soll, damit die Rinde sich löst. Wie heißt der bleiche Stachelbaum? *Pochote?*

Der Arbeitstisch ist grün gestrichen. Die Vorhänge fächeln leise im Wind. Ein vertrauenerweckender Baum nah vor mir. Ein paar Bretter sind an ihn gelehnt. Nur der Stamm ist sichtbar. Schatten der Baumkrone im Sand. Das Meer bildet eine gestochen scharfe Linie zum Horizont. Ich liebe Beschreibungen ohne Menschen. Sonne spielt auf dem Fensterrahmen und kommt auch auf das verwaschene Türkis-Grün des bescheidenen Tisches.

Menschen sind verdorben von der Sucht, etwas zu sein. Prahlerei, Schrägheiten. *Estoy escribiendo.* Vielen ist die Sicherheit eines Seins mit Tätigkeiten, die ihren Kräften angemessen sind und sie nicht überanstrengen, nicht gegeben.

Einmal laufen wir in die Nacht hinein auf dem Sandweg nach Cóbano.

„No tiene educación“, sagt der *ranchero* mit dem lebhaften Blick eines Mannes, der mit seinem Sein übereinstimmt. „Ich habe keine Erziehung, ich kann lesen, ich kann schreiben – und matématica ... Ich hab Pferde. Wollt ihr bei mir reiten?“

„Ich bin doch kein Sportler.“

Der Baum hat einen eigenartig zerklüfteten Stamm, wie mehrere dünne Stämme nachträglich zusammengewachsen, und von den Ästen wachsen Stämmchen senkrecht nach unten, die in Luftwurzeln enden.

Mein Fragen nach Pflanzennamen wird auf jeden Fall in den Anfangsgründen steckenbleiben und mutet mich selbst lächerlich und sehr ernsthaft an. Es zeigt ja nur, daß ich mich mit den wenigen Dingen, die ich erfahre, bescheide, denn ich erfahre sie wirklich, und die Portion Realität ist angemessen.

Drei Kinder von Deutschen trampeln lärmend durcheinander, als sei ihnen für immer der letzte Instinkt für Anmut auserzogen. Ich erwache aus einem schlechten Traum. Eigentlich denke ich nie an Deutschland, nur nachts meldet es sich mit absurden Alpträumen. Der Weg zum *Cabo Blanco,* dem weißen Südkap Nicoyas, führt am Meer entlang. Ich komme durch einen bleichen Wald von *Pochote*-Bäumen. Man könnte jemanden töten, wenn man ihn immer wieder gegen diesen stachligen Stamm stieße. An einer Wegbiegung sehe ich den Baum mit glattem Stamm und brauner Rinde, die sich beim Näherkommen als grün erweist. Viel später am Weg ein mächtiges Exemplar des Luftwurzelbaumes. Er ist etwas wie eine große, mächtige Baumpersönlichkeit. Wenn die Äste, die senkrecht nach unten wachsen, mit ihren Luftwurzeln die Erde erreichen, wachsen sie hinein und bilden einen neuen Stamm. So besteht der Baum aus einer Reihe eng zusammenstehender, zusammengewachsener Stämme, zwischen denen die Leguane herumturnen. In Indien heißt er *Vada*-Baum und hier *Higeron.* Ich gehe später durch ein Flußbett und schließe zu meinen Begleitern auf, es wird langsam heißer, die Uhr geht auf zehn.

Das Frühstück ist so billig wie vor einem Jahr, weil die Teuerung diese verlassene Ecke anscheinend noch nicht erreicht hat. Der Mann sitzt im Stuhl, während ihm seine kleine Tochter die Fußnägel schneidet. Es ist verboten, dieses Dschungel-Reservat zu betreten, also steigen wir über den Stacheldrahtzaun. Schneiden uns Speere. Juan hat zu Fuß den Amazonas-Dschungel durchquert. Vor Felsen und Baumwurzeln klopft er mit dem Holz auf den Boden, um etwaige Schlangen zu vertreiben. Er bleibt stehen und lauscht auf Vögel und Affen, um zu hören, ob ein Puma in der Nähe ist. Aber das wichtigste ist das Schwitzen, das körperliche sich total Ausgeben.

Auf dem Riff liegt ein Frachtschiff, schaurig anzusehen, weil es verheißt, daß die Menschen mit ihrer Berechnung manchmal gegen die Natur verlieren. In der Ferne, vom Abendrot umzeichnet, ist eine Insel zu sehen. Eine Erscheinung wie diese mochte Seefahrer genarrt haben: Es gibt keine Insel, denn wir blicken genau nach Westen über den Stillen Ozean. Ich sehe Land, das aus dem Wasser aufsteigt und Palmen. Oben ist sehr viel Licht, ein weit geöffneter Lichtraum. Wolken, grünlich bleich, scheinen stillzustehen, niedere ziehen schnell und dünn vorbei. Feuerschlünde sind zu sehen. Arktis. Eine gelbe Kette abgefallener Blätter an der Stelle des höchsten Flutstandes. Ich finde Spaß daran, über Bäume zu springen. Meine Schriftzeichen haben völlig unterschiedlichen Ausdruck. Kraftvoll, sicher, zurückhaltend oder ängstlich.

„Glaubst du, daß es noch ein anderes Leben geben wird?“ fragt Juan.

„Ist mir gleichgültig.“

In einem Reisebuch mit dem Titel *Die Republik Costa Rica in Central-Amerika* aus dem Jahre 1856 schreibt der Verfasser, Dr. Carl Scherzer: „ ... Der Neger hatte meine Hängematte an zwei riesigen Urwaldstämmen befestigt, und ich konnte mir nun die wilde Natur rings um mich her recht behaglich beschauen. Bald aber schweiften die Gedanken von der Urwaldstätte im Golf von Nicoya nach den weiten heimatlichen Fluren an der Donau. Es liegt ein so glücklicher Dualismus in dem Gefühl, unter zauberhaften, völlig fremden Formen und Gestalten zu athmen, und gleichzeitig mit seinem Geiste in der Heimat zu weilen!! Ein Vergleich des Genusses der Gegenwart mit dem Entbehrten der Ferne drängt sich bald unwillkürlich auf, und wenn es wahr ist, daß man nicht ungestraft unter Palmen wandelt, so ist es doch gewiß nicht minder wahr, daß man auch nicht ungestraft an der Sonne der Civilisation sich wärmt.“

Die Staatseinkünfte in jenen vergangenen Zeiten hatten ihre Hauptressourcen in den Importzöllen und im Monopol des Tabaks und des Branntweins. Puntarenas, der Pazifikhafen, war damals günstig für den Kleinhandel gewesen, „und besonders spirituose Getränke finden hier einen im Verhältnis zur Bevölkerung unglaublichen Absatz“. Puntarenas hat heute eine schmutzige Hafenstadtatmosphäre mit schäbigen lauten Bars und Frauen, die sich in dem Eingang eines türkisfarbenen Hotels anbieten. In dem alten Buch ist zu lesen, daß der Staatshaushalt zu der Zeit einen guten Überschuß erwirtschaftete.

Die herrschende Partei habe „jedes Anleiheprojekt“ verworfen, „selbst um die nöthigen Communicationswege herzustellen“. Dies hat sich gründlich geändert. Auch Costa Rica gehört heute zu den Ländern, die ihre Schulden nur durch die Aufnahme neuer Kredite abbezahlen können.

Puntarenas. Großes Bananenblatt, Hund in der Frühmorgensonne, schmaler Hinterhof, Autowerkstatt, Wellblech, Abfall. Vogel tschilpt. Ventilator rauscht. *Hotel Alman.* Das Geländer der Holzgalerie im ersten Stock ist blau gestrichen. Das Zimmer grün.

Plötzlich hinter meinem Kopf ein schielendes Gesicht und eine verdreht hingehaltene Hand. „Geh mir nicht auf den Geist“, sag ich auf deutsch. Verrenkt bewegt sich der Junge zum nächsten Tisch. Er bekommt nichts, und ich seh ihn danach locker über die Straße gehn.

Das Gefühl der sozialen Gegensätze kann einen als Besucher manchmal irre machen. Die Reichen in ihren Villen hinter Mauern – und Erbärmliches. Oder daß man doch sieht, daß der Reichtum internationalisiert ist, was man ja auch schon vorher wußte.

Die Elektrizitätsdrähte sind in der Stadt nicht unter der Erde, sondern an Masten gespannt.

Auf der Landstraße alle paar Kilometer eine *escuela.*

Man wird sofort als Ausländer erkannt. Die Distanz bleibt.

Mittags ist jeder Ort häßlich. Costa Rica brilliert auch nicht gerade durch seine Stadtbaukunst. Es ist alles zweckmäßig, flach, ein- bis zweistöckig. San José-City ausgenommen: Banken, Hotels, Bürohäuser. Das Holiday-Inn-Hochhaus steht noch als Betongerippe. Zum Wohnen nahezu ausschließlich Einzelhäuser. Auch der Ärmste hat sein Haus.

Cóbano, die Westernstadt. Auffällig viele, relativ neue, große Jeeps. Viehzüchtergegend. Poolbilliardsalon mit großen Fenstern ohne Scheiben. Sittsam, die Leute kommen um sieben und um halb 10 ist Feierabend. Ich steh sowieso die ganze Zeit früh auf.

Es gibt Regionen, wo die Campesinos nur vereinzelte ärmliche Stützpunkte haben, wenn man die Hochebene auf dem Panamerican Highway nach Süden verläßt und ins Gebirge kommt. Bretterhütten, ein paar Hühner, eine Kuh, die am Berg nagt. Ländliche Gegenden, die nichts gemein haben mit unseren Dörfern. Schotterstraßen. Die Menschen sind hier noch in der Auseinandersetzung mit der Natur. Das übersättigte Europa macht sich keinen Begriff davon, was es heißt, dem Boden etwas abzugewinnen. Ich denke an die schmutzigen Viertel in der Marktgegend von San José. An die Massen. Und an die Demokratie und die friedliche Vergangenheit Costa Ricas, an die Tricks und die Mauer um das Grundstück und das Hundetrainingsfeld.

In Deutschland verkümmert die Sinnlichkeit! Es fehlt an unberührter Natur. Nichts kann die Natur ersetzen, nichts für sie einspringen, um sich zu entspannen und zu vergessen. Kulturelle Spektakel, alles, was mit Gesellschaft zu tun hat, ist kein Ersatz dafür. Keine noch so vollkommene künstlerische Leistung, so scheint es mir in diesem Moment, wiegt einen Spaziergang auf einem unasphaltierten Sandweg auf dem Lande auf – am Abend, wenn es langsam dunkel wird. Und im Dunkeln weitergehend, bin ich in dem unheimlichen Gefühl noch näher bei mir! Wie achtet man auf die Lichter und fragt sich, ob es schon die kleine Stadt ist oder bloß erst ein Hof. Es ist kein Zufall, daß der kalte Norden hochindustrialisiert ist, und daß von ihm die technische Revolution ausging. Was an leicht zugänglichem sinnlichen Genuß fehlt, setzt man neurotisch in Arbeit um. Aber der Prozeß der sinnlichen Verkümmerung ist genauso vorhanden.

Aus dem 19. Jahrhundert sind für Costa Rica drei wesentliche Ereignisse zu vermerken. Das erste ist der Versuch, es zu einem Teil einer zentralamerikanischen Föderation zu machen nach dem Vorbild der Vereinigten Staaten. Der Mann, der diese Idee verfolgte, war der General Morazan. „Unter allgemeiner Acclamation wurde Morazan zum Präsidenten der Republik gewählt. Als er aber drückende Opfer zur Verwirklichung seiner

Pläne forderte, als er Steuern erhob und Familienväter, die lieber in ihrer Hacienda friedlich bei Weib und Kind geblieben wären, zum Exerzieren und zum Ausmarsche zwang, da verrauchte die Begeisterung." Morazan wurde ohne eigentliches Kriegsgericht, „durch Volkswillen" verurteilt und füsiliert. Das war 1842. Heute trägt ein Park in San José seinen Namen.

1856 drang der US-Amerikaner William Walker, mit 500 Söldnern von Nicaragua kommend, in Costa Rica ein. Unterstützt von den Südstaaten der USA, hatte er nichts Geringeres vor, als Zentral-Amerika für die USA zu erobern. Costa Rica schickte ihm ein Expeditionskorps entgegen und brachte dem Abenteurer und Aggressor auf der Farm Santa Rosa in Guanacaste die entscheidende Niederlage bei. Dazu muß man wissen, daß die *Ticos,* wie man die Einwohner Costa Ricas nennt, die Waffen nie sehr geliebt haben. Im letzten Jahrhundert wurden einmal „Militärberater" mit preußischen Subordinationsvorstellungen geholt. Sie scheiterten aber daran, die durcheinanderlaufenden Haufen barfüßiger Soldaten mit ihrer Vorstellung von Disziplin zu impfen.

Der Kaffeeanbau ist im 19. Jahrhundert die entscheidende wirtschaftliche Veränderung Costa Ricas gewesen. Armut und Isolierung, in der das Land während der vergangenen Jahrhunderte gelebt hatte, fanden ihr Ende. Auf dem Markt in London wurden hohe Preise erzielt. Der Kaffeeanbau schuf auch die erste wirkliche Oligarchie. Die kleinen Landbesitzer wurden zu abhängigen Landarbeitern, und die Plantagenbesitzer und Kaffeehändler kamen zu beträchtlichem Reichtum. Die Regierungsgeschäfte wurden zu Privatangelegenheiten der wichtigsten Familien.

„Du fährst bis zur Universität von Heredia", sagt Eugenio am Telefon. „Dann gehst du einen Block nach Westen und einen Block nach Süden." Eugenios Vater ist ein sozialdemokratischer Politiker, der, wäre er nicht sehr schwer krank, im Moment das Amt des Kultusminister in der Regierung des derzeitigen Präsidenten Monge innehätte. Eugenio Trejos Benavides ist Dozent an der Universität von Heredia.

„In Costa Rica ist die Situation nicht so schlecht und traurig wie im übrigen Lateinamerika. Wir haben eine ökonomische Krise, aber wir haben keine radikal politische Krise."

„Du hast mir gesagt, daß in Costa Rica 80 % des Landes 36 Familien gehört?"

„Costa Rica erlebt zur Zeit einen außergewöhnlich starken Prozeß von Kapitalkonzentration, der die Gesellschaft aufspaltet. Die Reichen häufen immer mehr Geld an, und die Armen werden immer ärmer. Industrieunternehmen wie Firestone oder Toshiba arbeiten hier, aber die Gewinne fließen nach außen ab. Das einzige, was Costa Rica einsetzt, sind das Wasser, die Elektrizität und die billigen Arbeitskräfte. Das ist eine Abhängigkeit unserer Struktur, die unglaublich ist. In den 50er bis 60er Jahren fing eine neue imperialistische Strategie an: der Export von Kapital. Das heißt: Es wurde billiger, die Industrien hier arbeiten zu lassen als in den industrialisierten Ländern. Man exportierte also Kapital und arbeitete mit der hiesigen Bourgeoisie zusammen. Sechzig Prozent der ökonomisch aktiven Bevölkerung Costa Ricas kommen vom Land. Durch die Konzentration auch des Landbesitzes und durch Mechanisierung wurden weniger Arbeitskräfte gebraucht. Die Leute wanderten in die Stadt ab in der Hoffnung, in der neuaufgebauten Industrie Arbeit zu finden. Aber diese Industrien kamen aus den Industrieländern, hatten deren Produktionstechniken und brauchten ebenfalls nur wenig Arbeiter. Was geschah also? Der Staat stellte die Beschäftigungslosen in seinen Institutionen ein. Die Bürokratie wuchs enorm. Wir haben keine Armee, das stimmt, aber jedes Ministerium hat seine eigene Polizeitruppe und einen eigenen Etat, um sie zu bezahlen. Als der Papst hier war, haben wir gesehen, daß es überhaupt kein Problem war, die Hauptstadt vollkommen abzuriegeln. Wer bezahlt aber diese ganzen Staatsangestellten? Man leiht auch dafür im Ausland Geld. Dies Geld wird also in einem unproduktiven Sektor ausgegeben und nicht zum Beispiel in der Landwirtschaft investiert, die die einzige Einnahmequelle ist und deren Produktion sinkt. Der unproduktive Sektor aber wächst gigantisch. Schon heute arbeiten 39 % der arbeitsfähigen Bevölkerung für den Staat.

Wir haben im Moment 17 % Arbeitslose. Eine Arbeit zu haben, ist heute ein Privileg. Es gibt zwar einen gewerkschaftlichen Mindestlohn, nur kann niemand davon leben. Die Gewerkschaftsbewegung ist praktisch tot. Wenn die Leute Arbeit fordern, Wohnungen, bessere Straßen und mehr Lohn, so heißt es gleich: das sind Kommunisten. Im Augenblick läuft eine sehr starke anti-sandinistische Pressekampagne. Und die Folge davon ist, daß die Leute hier in Costa Rica Angst haben. Sie haben einfach Angst, ihre Forderungen zu stellen.

Das sind einige der Probleme, die Costa Rica im Augenblick hat. Und wenn die Regierung es nicht schafft, sie zu lösen, werden wir in Costa Rica in wenigen Jahren dieselbe Situation haben wie in Südamerika. Arbeitslosigkeit, Hunger, Staatsbankrott und eine tendenziell revolutionäre Situation, deren Ausmaß man sich heute noch gar nicht vorstellen kann."

„Soviel ich weiß, hat Costa Rica doch die Sandinisten unterstützt?"

„Ja, Costa Rica hat Nicaragua sehr geholfen. Aber das geschah nicht, weil seine Politiker an diesen Kampf glaubten. Wenige in unserer Regierung glaubten an die Sandinistische Revolution, für die meisten war es ein Geschäft, weiter nichts. Der damalige Präsident Costa Ricas soll 30 Millionen Colones für den Verkauf von Waffen von den Sandinisten erhalten haben. Jedesmal, wenn Costa Rica den Sandinisten half, steckte ein Geschäft dahinter ... Die internationale Mafia ist gut organisiert. Ihr ist es egal, mit wem sie Geschäfte macht. Gestern verkaufte sie an die Somozisten, heute an die Sandinisten ..."

Eine Deutsche zeigt uns stolz ihr Grundstück. Sie ist aus El Salvador, wo sie verheiratet war, ins sichere Costa Rica umgesiedelt. Das Terrain liegt in den Bergen vor San José. Es ist eine bevorzugte Villengegend, und der Bodenpreis liegt bei 9,- DM pro Quadratmeter. Sie selbst arbeitet neuerdings im

Immobiliengeschäft und bietet Häuser, Farmen, Grund und Boden an, sogenannte Touristenobjekte, kaum unter 150.000 Dollar. Um ihr unbebautes Grundstück läßt sie eine zwei Meter hohe Mauer ziehen. Wieviel der Maurer bekomme? 1100 Colones in der Woche. Das sind 60 Mark. Wozu die hohe Mauer? „Damit mein Hund nicht auf die Straße läuft. Alle Häuser haben diese Mauern. Dem Schäferhundsverein fehlt noch ein Trainingsfeld. Wir wollen es an der Straße da unten einrichten."

Die Blocks von der *Avenida Central* abwärts sind volkstümlicher, ein wenig heruntergekommen. Hier liegt der *Mercado Central,* der Bauch der Stadt, überdachter Markt mit engen Gängen. Im Gegensatz zu anderen Ländern der Dritten Welt leidet Costa Rica keinen Mangel an Waren „des täglichen Bedarfs". Nur in der Mittagshitze, wenn die Straßen noch nicht wieder gesäubert worden sind, oder manchmal in der Dämmerung, sieht es nach tristen 3. Welt-Bildern aus. In den Hotels wird unentwegt geputzt, die Bettücher jeden zweiten Tag gewechselt, auf dem Land jeden Tag Laub gefegt, im Laden die Konservendosen in den Regalen sorgfältig ausgerichtet – und die Müllabfuhr in San José hat die modernsten Fahrzeuge.

Über Manuel Antonio in der Nähe des Pazifik-Hafens Quepos hört man, daß es der Strand und das Ausflugszentrum der Bewohner von San José sei. Wenn man das hört, denkt man unwillkürlich an die europäischen Seebäder an der Ostsee oder an der Côte d'Azur. Der Vergleich stimmt aber keineswegs. Der Zufall will es, daß der Leihwagen ausgerechnet auf der Straße über der Bucht von Puerto Quepos seinen Geist aufgibt; aus einem Loch im Kühler spritzt das Wasser in einem feinen, dünnen Strahl. Lediglich zu Ostern, in der *Semana Santa,* gibt es eine Invasion von *Ticos.* Der Bus von San José braucht immerhin fünf bis sechs Stunden. Einmal fahren wir die Strecke nachts mit dem Auto, und ich habe auf den Sandwegen, die einzelne kleine Ansiedlungen mit wenigen nächtlichen Spaziergängern durchqueren, das Gefühl, im 19. Jahrhundert zu sein.

Wieder ist das Überbevölkerte und Überzivilisierte Europas verschwunden, wenn auch in jeder Hütte die blaue Scheibe flimmert.

Die Natur ist noch immer nah, selbst in San José. Die Morgen sind hell, ruhig, sonnig, ein wenig frisch. Während der gesamten Reise stehe ich kaum einmal später als um 7 Uhr auf. Mittags ist es in der Hochebene zu heiß und in den Küstenregionen erst recht. Man bleibt dann am besten drinnen oder zumindest im Schatten, und dieses Diktat des Klimas nehme ich gern an als träumerischen Rückzug oder Einladung zum Nichtstun. Erst gegen drei darf man an neue Aktivitäten denken.

Schon zur Zeit der Mayas, Azteken und Inkas war Costa Rica ein „Durchreiseland". Auch jetzt trifft man hier die Reisenden auf dem Weg von Kanada nach Süden oder auf der Flucht vor der Armut Südamerikas in Richtung *Estados Unidos*. Während für den Europäer eine siebenwöchige Reise lang ist und verwunderte, neidische Ungläubigkeit auslöst, ist hier ein halbes Jahr Unterwegssein normal. Vier oder fünf Jahre, das kommt vor, das ist schon eine andere Existenz als die des „Ausflugs". Ich will nicht mystifizieren, aber man bekommt doch ein anderes Gefühl für Zeit. Wenn man sich einmal entschlossen hat, nicht krank zu werden (und die einzige Prophylaxe besteht darin, kein Leitungswasser zu trinken), könnte man endlos weiterfahren, denn mehr als mit den Costaricensern oder den US-Amerikanern hat man es mit jenem Stamm von Nomaden auf Zeit zu tun, von denen eine Art Ansteckung ausgeht. Ein junger Mann, den ich schon erwähnte, hat zu Fuß das Amazonas-Gebiet durchquert. Ein Brasilianer hat sich zu Fuß durch den Dschungel zwischen Kolumbien und Panama geschlagen. An dieser Stelle fehlt dem Panamerikanischen Highway ein Stück. Warum, kann keiner genau beantworten. Einfach, weil er noch nicht gebaut worden ist. Weil man es den Südamerikanern schwerer machen will, in den Norden vorzudringen. Wegen des Kokainschmuggels aus Kolumbien, dem man nicht auch noch einen Highway bauen will. Wie dem auch sei: Dieser junge Mann kam durch den unpassierbaren Dschungel, durch

Schwemmsand, nur nach dem Stand der Sonne wandernd, den Weg kannte er schließlich noch nicht.

Salvador ist Maler. Jeden Nachmittag malt er ein Stück weiter an seinem Bild „Der Sonnenuntergang". Einmal, als ich Fieber habe, erzählt er mir, wie er aus Südamerika gekommen ist: „Wir kamen mit dem Schiff auf die Insel San Andrès. Sie liegt in der Karibik und gehört zu Kolumbien. Wir waren zehn Leute – und wurden schon am Hafen verhaftet. Wir mußten auf dem Gefängnishof antreten, der Direktor erschien und erklärte: 'Zehn Tage Gefängnis, denn ihr seid Vagabunden.' Wir lachten. Ein Polizist fragte: 'Wer hat gelacht?' Sie griffen sich den mit den längsten Haaren und verprügelten ihn mit Stöcken. 'Hat noch einer gelacht?' fragten sie danach. 'Ich habe gelacht', sagte ein Chilene. Er wußte sehr gewandt mit Worten umzugehen und erklärte, daß die Behandlung gegen die Menschenrechte verstoße. Sie gaben klein bei und hörten mit dem Prügeln auf. Aber dann sperrten sie uns zwei Stunden in einen Wellblechschuppen, dessen Dach von der Sonne beinahe glühte. Später wurden wir auf das Schiff zurückgebracht. Da blieben wir eine Woche lang ohne Essen. Einer von uns war ein guter Schwimmer. Er sprang nachts über Bord, bettelte Nahrung zusammen und brachte sie in einem Plastiksack zurück. Ich wurde freigelassen, war aber ohne Geld. Für die Einreise nach Costa Rica brauchte ich damals 100 Dollar. Ich fragte die Leute auf dem Flughafen, ob mir jemand 100 Dollar leihen könnte, die ich ihm in Costa Rica zurückgeben würde. Niemand wollte das. Schließlich traf ich einen Argentinier. Er sagte: 'Ich habe fünfhundert Dollar. Aber sie sind falsch.' Das war nichts für mich. Ich versuchte weiter, an Geld zu kommen, aber keiner wollte mir etwas auslegen. Schließlich sagte ich zu dem Argentinier: 'Na gut.' Im Flugzeug schwitzte ich Blut und Wasser. Ich war vollkommen abgemagert und hatte Fieber. In Costa Rica gaben sie mir eine Aufenthaltserlaubnis für 10 Tage. Seitdem bin ich hier, und ich habe sehr viele Leute gefunden, die mir weiterhalfen und meinen Aufenthalt schließlich legalisierten, zum Beispiel Eugenio, mit dem du das Interview gemacht hast."

Mit dem Flugzeug kommen wir aus Quepos am Stillen Ozean und überfliegen Waldgebiete, verstreute Siedlungen. Schon sieht man die *Meseta Central,* die Hochebene, die einmal eine einzige große Stadt sein wird. San José. Samstag. Ich bin allein und sehe aus dem Hotelfenster eine merkwürdige Mischung aus nackten Wänden, Beton, Holz und Wellblech. Alte Gebäude mit vernagelten oder blinden Scheiben; die Stadt leert sich, denn es ist der Samstag vor dem Beginn der *Semana Santa,* der Osterwoche. Das Licht ist genauso trübe wie die sich leerende Stadt ... Es fehlt der Impuls der ewig strebenden Füße, irgendwohin, die Stadt tröpfelt aus sich heraus. Die zwei Cafés auf der breiten Hauptstraße sind gefüllt mit laut schwatzenden alten Männern.

Drei Landesteile sind noch unerschlossen: die Peninsula de Osa im Südwesten, wo sich nur einige Goldwäscher herumtreiben, das Gebiet der Cordillera de Talamanca, straßenlos und Rückzugsgebiet letzter verstreuter Indianerstämme, und der Regendschungel des Tortuguero im Nordosten. San José: Amerikanisiert. Die Hamburger-Kultur hielt Einzug. Aber schon 30 Autominuten südlich beginnt das Gebirge, man fährt in Nebel und unheimliche Wolken auf 3400 m Höhe.

Das breite Bett, ockerfarbenes Laken, Wände grün und hellblau, und durch den schmalen Spalt der Vorhänge meine Wellblech- und Telefonmastenlandschaft.

Man ißt an volkstümlichen Plätzen für 28 Colones (1,60 DM) Casado Completo (Spaghetti, Reis, Kohl, Tomaten, Bohnen und ein Stückchen Fleisch).

Ich nehme gegen Morgen ein Valium und werde dann gegen 9 Uhr von einem Anruf geweckt. Jetzt habe ich den jedem Lebewesen angemessenen Blick.

Ist der Schatten der USA eine Sonne? Mal abgesehen von den Staatsschulden scheint es den Leuten ganz gut zu gehen unter dem großen stützenden Atem der Estados Unidos. McDonalds grüßt und Happy Corner Fried Chicken.

Auf dem Rückweg von Heredia, wo ich das Interview mit

Eugenio aufgenommen habe, im Kleinbus die stillen, müden Gesichter hart arbeitender Männer und später in San José eine Band in der Kneipe, Schwarze, die *Hey Mister Talleyman* vortragen. Ein paar fette, schmierige Geschäftsleute in Bierlaune lassen 100-Colones-Scheine tanzen. Ein kleiner dicker Mann, das Gesicht mit Warzen übersät, verkauft Lotterielose. Auf dem Rücksitz eines am Rinnstein geparkten Motorrads wartet eine Frau. Sie hat einen roten Sturzhelm auf dem Kopf. Die Frauen wagen immer den kühneren Blick, wenn du schon in Begleitung einer Frau bist.

5 Uhr nachmittags. In den Lokalen ernähren sich Kinder von den Essensresten auf den Tellern. Es wird kühler. In den Straßen von San José belebter Feierabendverkehr. Durch das Stimmengewirr im Café dringt das Wort *Gringo* und vom Zeitungsverkäufer an der Ecke *Prensa Libre,* was soviel heißt wie Freie Presse. Ich lese gerade in dem Moment den Comic auf der letzten Seite der kommunistischen *La Libertad.* Es gibt immerhin für die linke Opposition Redefreiheit – wo noch in Lateinamerika? Der Zeitungsverkäufer sitzt am Rinnstein, und die Zeitungen liegen auf einer niedrigen Holzkiste. Der Losverkäufer bietet mir noch einmal das Glück an. Ein vollgestopfter Autobus biegt um die Ecke.

LIBRE, LA LIBRE ruft der Zeitungsverkäufer und wieder biegen drei Busse ein. Die Stadt leert sich.

Im Himmel kann man sich nur verirren

Eine Reise durch Kamerun

Der Cassetten-Verkäufer sitzt vor einem Holztisch unter einem gelben Sonnenschirm mit der Aufschrift *Schweppes.* Auf dem Tisch steht ein Radio, über das er seine Cassetten abspielt. Meine Haut ist naß von Schweiß. Das Hemd klebt am Körper. Ich finde das nicht schlecht, weil ich denke, daß ich einige von den europäischen Giften ausschwitze, das Gift des endlosen Winters, das Gift der Freudlosigkeit aus Bewegungsmangel, das Gift der fehlenden Neugier. Unterwegs ist man gezwungen, Neugier zu entwickeln, schon aus dem simplen Grund, weil man sich sonst nicht zurechtfinden würde.

Douala: größte Stadt Kameruns, kommerzielles Zentrum, internationaler Airport, Luxushotels und unübersehbare Slums. „Gehen Sie nicht allein auf die Straße", hörte ich schon im Flugzeug, „nachts schon gar nicht. Es hat immer wieder Überfälle gegeben. Plötzlich sind Sie von vier, fünf jungen Männern umringt, die ihren Wünschen mit gezücktem Messer Nachdruck verleihen!"

Die politischen und 'finanztechnischen' Informationen, die ich über Kamerun gesammelt hatte, waren nicht geeignet, meine Vorfreude zu steigern. Ein festangestellter Rundfunkjournalist hatte mir versichert, daß in den großen Städten kein Hotelzimmer unter einhundert Mark zu finden sei. Zum Glück erwies sich diese Meldung als übertrieben. Die politischen Vorinformationen erzeugten eine gewisse Paranoia. Als ich in Deutschland zum ersten Mal von einer Geheimpolizei hörte, die sich u. a. die Gestapo zum Vorbild genommen hatte, von

Konzentrationslagern und einer unmäßigen Zahl politischer Gefangener, wollte ich es nicht glauben. Wie mir von informierten Intellektuellen in Kamerun bestätigt wurde, handelt es sich jedoch um Tatsachen aus der jüngsten Geschichte Kameruns. Man bewegt sich folglich auch als reisender Berichterstatter in der gespannten Erwartung, daß etwas passieren könne. Der besorgte Kulturattaché der deutschen Botschaft in Yaoundé empfiehlt mir, mich offiziell anzumelden, weil ich dann Schutz durch die deutsche Vertretung genießen würde. Einer Journalistin seien bei der Ausreise am Flughafen alle Cassetten abgenommen worden. „Dann muß sie wohl einer wichtigen Persönlichkeit auf die Nerven gefallen sein", sage ich.

Den dicken Mann mit weißem Hut und weißem Jackett, der, auf einen imposanten Spazierstock gestützt, in der Flughafenhalle mit Abstand seine Umgebung beobachtet, halte ich für einen Geheimdienstmann. Eine Täuschung. Er lebt in London, ist auf Urlaub in der Heimat und erklärt mir:

„Sie können beinahe völlig sicher sein, daß in allen Kneipen Leute von der *National Security* herumsitzen."

„Ich habe *Sie* für einen Sicherheitsmann gehalten!"

„Oh, das haben Sie gedacht?" Er lacht.

„Ja, weil Sie so anders aussehen als die anderen Leute!"

„Sie würden aber niemals so verdächtig auftreten wie ich!"

„So entsteht vielleicht dies Klima, in dem jeder jeden für einen Polizisten hält?"

„Das ist typisch. Diese Atmosphäre ist in Kamerun wirklich entstanden. Und das macht die Leute stumm. Wenn Sie, selbst mit Leuten, die Sie kennen, einen politischen Gegenstand ansprechen, so sind sie doch sehr zurückhaltend, ihn zu diskutieren, vor allen Dingen in der Öffentlichkeit. Wenn es privat ist, und sie Sie gut kennen, werden sie Ihnen einen Teil ihrer Ansichten eröffnen, und es ist gewöhnlich immer die gleiche Geschichte: daß sich das Land in bejammernswertem Zustand befindet. Aber in der Öffentlichkeit sprechen sie lieber nicht darüber, weil sie nicht sicher sind, welche Folgen das haben könnte. Ich will sagen: im heutigen Kamerun kann ein Sicherheitsoffizier einfach an Ihre Tür klopfen und Sie auffordern mitzukommen, Sie irgendwohin zum Verhör mitnehmen. Und es gibt keine zeitliche Begrenzung. Es kann eine Woche dauern. Es kann einen Monat dauern. Und es kann auch passieren, daß jemand gar nicht wiederkommt. Und die Verwandten haben sehr wenig Möglichkeiten, etwas dagegen zu tun, denn wo sollen sie anfangen, an wen sollen sie sich wenden?"

Der fette Kerl mit den polio-verdünnten Beinen und dem riesigen Bauch, der vor dem *Monoprix* im Rollstuhl sitzt und sich immer 'schlafend stellt', soll angeblich der Chef aller Kleingangster sein. Diesem und jenem Touristen sind Geld und Papiere entrissen worden. Ich achte nachts immer auf aggressive Bewegungen der mir im Licht der Straßenlaternen entgegenkommenden Gruppen von Männern. Ich erkenne sie also sofort, noch bevor der rauhkehlige Ton „L'argent!!" zu hören ist, gehe ins Hotel zurück und nehme ein Taxi.

Wenn eine Stadt etwas Gefährliches ausstrahlt oder einem nicht ganz geheuer ist, so freundet man sich am besten mit einem Einheimischen an. Apollinaire lerne ich in einer Buchhandlung kennen. Ich suche nach Büchern von Kameruner Schriftstellern und er fragt, ob er mir helfen könne. Er arbeitet im Büro der Buchhandlung und seine Arbeit ist gerade zuende.

Apollinaire sagt: „Ich lese viel. Daher mein Name."

„Was liest du?"

„Ich lese *Paris Match.*"

Apollinaire ist ein Bamiléké.

„Geld ist für einen Bamiléké wichtiger als Liebe", meint er ernsthaft.

„Gut, ich lade dich zum Essen ein. Zeig mir ein einheimisches Lokal."

Die Bamiléké sind der Händlerstamm, die geschäftstüchtigste Bevölkerungsgruppe, die „Juden" Kameruns. In seiner Begleitung kann ich natürlich überallhin. Meine alte abgerissene Kleidung ist auch sehr passend.

„Der Nachtclub kostet zwanzig Mark Eintritt", sagt der

Holländer. „Die Mädchen kommen gleich an und wollen einen Drink."

„Gehen sie mit zu dir?"

„Es sind alles Flittchen."

„Amateure oder richtige Huren?"

„Sie wollen was trinken. Wenn du ihnen nichts gibst, gehen sie gleich weiter. Sie gehen auch mit ins Hotel. Am nächsten Morgen sagen sie: Ich brauch ein neues Kleid!"

„Irgendwie müssen sie sich durchschlagen."

„Ich bin schwul und seit zehn Jahren Fixer. Es ist besser, wenn das hier niemand erfährt. Die Leute nehmen es nicht gut auf." Er sei nach Kamerun gekommen, um die Nachfolge seines Bruders anzutreten, der an einem Fluß im Süden eine Kieswaschanlage aufgemacht hatte. Kurz vor seiner Abreise habe er ein Telegramm erhalten: „Bruder verstorben".

„Als Todesursache wurde Malaria angegeben. Vielleicht ist er aber auch vergiftet worden. Sie haben hier Gifte, die sich bei einer Autopsie nicht nachweisen lassen."

„Vielleicht war es doch Malaria."

„Er hatte Streit mit der Polizei. Er hat einen Polizisten verprügelt."

Die Straßenhändler sitzen den ganzen Tag hinter ihren kleinen, zusammenklappbaren Tischen mit Socken, Zigaretten, Schuhen, Wurzeln, Tomaten, Zitronen, Taschenrechnern.

„Wie geht's?" fragt Apollinaire.

„Schlecht. Ich konnte nicht schlafen. Und ich hatte keine Lust, in einen Nachtclub zu gehen."

„Du hättest vielleicht lesen können."

„Ich hatte keine Lust zum Lesen."

„Du hättest also die Landschaft betrachten können."

Wir sitzen an der Hauptstraße unter den Arkaden.

„Die Landschaft ist zu weit entfernt."

„Das hier ist auch Landschaft."

„Ja, Stadtlandschaft."

Man sagt, daß man für die Gesellschaft eines anderen Menschen bezahlen muß, z. B. für die Gesellschaft von Frauen, und so zahle ich Apollinaire ein Päckchen Zigaretten. Apollinaire ist sehr bescheiden. Er will unbedingt das billigste Essen, eine große Platte mit Spaghetti und Reis. Kein Hühnchen, keinen Fisch, keinen Salat und kein Bier.

„Ich fühl mich nicht wohl, wenn ich das esse. Es liegt mir schwer im Bauch."

Er überlegt, ob er in den Buchhandel einsteigen soll. Bücher aus Europa importieren und in kleinen Läden in Kommission geben.

„An was für Bücher denkst du?"

„Sex. Ich meine Pornographie. Da ist ein großer Bedarf. Comic strips. Das mögen die Leute. Und sentimentale Liebesromane. Man muß das anbieten, was die Leute haben wollen, habe ich recht? Meinst du, daß es klappen könnte?"

„Weiß ich nicht. Ja."

Gustav macht in Außenbordmotoren für die Einbaumfischer drüben in Malabo, Äquatorialguinea. Von zwanzig Motoren bleibe nur einer da, wo er hingehöre, nämlich im Besitz der Fischer. Der Rest werde verscherbelt, und der Erlös lande in den Taschen der *ruling clans.* Ich schau mir mit Gustav Video-Cassetten an. Eine ist über 'Drogen im Strafvollzug, Berlin-Tegel'. Im Bild nur harte, kräftige, tätowierte Jungs, die im Knast Bodybuilding machen.

„Die würde ich alle an eine Betonwand stellen", sagt Gustav, „und dann – poff!"

Sonst ist Gustav ein netter Kerl.

Heinz koordiniert Projekte zwischen Lomé, Abidjan und Yaoundé. Er führt mich in eine Wohnzimmerkneipe. Es ist ein sauberer, blaugestrichener Raum mit einem kleinen, niedrigen Tisch in der Mitte und ein paar Sesseln drumherum. Auf der Kommode eingerahmte Fotografien und diverse Flaschen Gin und Whisky. Marie, die diesen *circuit* betreibt, war vor ein paar Jahren das schönste Mädchen, daß man in Douala auftreiben konnte. Sie ist vom Stamm der Bamoun aus der englischsprachigen Zone. Die Bamoun sind hellhäutig und feingliedrig und haben einen sehr netten, freundlichen Charakter, sagt Heinz. Vor zwei Jahren hat ein Autounfall ihre eine Gesichtshälfte zerstört. Sie zeigt ein Foto. Die eine Gesichtshälfte ist ein zermatschter gelblichroter Brei. Das Auge ist nicht zu sehen. Jetzt ist plastochirurgisch alles ganz gut hinoperiert.

Marie schenkt Black & White und Cola nach. Einen Augenblick später erscheint eine *beauté,* jung, hochhackig, goldgeschmückt über den Augen, Heinzens Braut für den Abend. Heinz lallt. Ihre „objektive" Schönheit steht im Mißverhältnis zu seiner schwitzenden Betäubung. Dies Mädchen spricht nicht. Sie ist ohne jede Reaktion – außer ihrer Hand auf Heinz' Schenkel. Seine Hand hängt wie ein Stück Fleisch über ihrer Schulter.

Heinz würde nie eine Mahlzeit essen, die von Afrikanern zubereitet worden ist. Nichtmal einen Kaffee würde er trinken. Sie könnten was reintun. Heinz sagt, daß er jedesmal, wenn er aus dem Flugzeug steige und afrikanischen Boden betrete, unwahrscheinlich geil werde. Bei mir das genaue Gegenteil, sage ich. Unwahrscheinlich, sagt Heinz, jeden Tag. Er sei überzeugt, daß sie ihm was ins Essen tun. Irgendein Zaubermittel. Es sei eher Selbst-Suggestion, werfe ich ein, er wolle eben, daß er immer wolle oder müsse.

Gustav: „Wir haben hier alle dies Ding."

Er holt die chemische Keule aus der Tasche.

Der Bahnhof von Douala liegt am Hafen. Die Umgebung ist schmutzig. Männer lungern im Schatten der Hafenschuppen. Der Mittagszug verläßt Douala um 13 Uhr 30 und erreicht Yaoundé sechs Stunden später. Der 1. Klassewaggon am Ende des Zuges hat bequeme, rote Polster. Er ist klimatisiert, so daß man bei der satten Hitze draußen eher friert. Aber man kann sich auf die Plattform stellen, die Türen zur Seite und nach hinten öffnen und sich vom Fahrtwind gleichzeitig wärmen und kühlen lassen. Es ist jeden Tag ein schwerer, üppiger Sommer, wie er in Nordeuropa allenfalls ausnahmsweise einmal wenige Tage im Juli oder August vorkommen mag. Der Zug holpert im Schrittempo durch die Vorstädte, die wellblechgedeckten Bretter- oder Erdhütten, die Slums von Douala. Auf dem Land mag eine Bretterhütte eine zweckmäßige und ausreichende Behausung sein, ein Haus aus gestampfter Erde angenehm kühl. Die Landbevölkerung, die hier an den Stadtrand gespült worden ist, lebt unter erbärmlichen Umständen. Ein Gewirr, ein Labyrinth von Hütten, dazwischen Märkte, wo alles, was an Abfällen anfällt, auf die Erde geworfen wird und liegenbleibt. Der Zug windet sich langsam durch eine hügelige Waldlandschaft, überbrückt Schluchten, ein Wasserfall braust unmittelbar neben dem Gleis herab, plötzlich wird es fast dunkel, der Zug fährt durch einen Hohlweg, beschleunigt etwas; wohin man sieht, übereinander geschichtetes Grün. Die Schmalspurstrecke ist beinahe zugewachsen. Die Schneise im Wald ist gerade noch so breit wie der Zug. Die nachwachsenden Pflanzen schlagen leicht gegen die Finger, wenn ich mich, an der offenen Tür stehend, an den Außengriffen festhalte und durchwehen lasse. Es ist 17 Uhr 30 und wird langsam kühler. Der Zug fährt in gemächlichem, aber auch nicht zu langsamem Tempo. Schaukelt angenehm. Im Wagen ist eine entspannte Atmosphäre, das wechselnde Licht der grünen Tunnelschluchten fällt auf meine Buchstaben. Eine kleine Stadt (Eseka) mit ihren roten Wegen, gelber Erde, unter Bäumen zerstreuten Häusern, macht in der Abendsonne einen amönen Eindruck, vermittelt mir ein Gefühl von Schönheit, Ruhe, Behaglichkeit. Bei den kurzen Stops verkaufen Kinder und Frauen Maniok, Kokosnüsse, Erdnüsse, Zuckerrohr. „Lesö, lesö, lesö“, brüllen die Kleinen und balancieren ihre Tabletts mit gekochten Eiern auf dem Kopf. Die Männer verkaufen Fleischspieße mit Zwiebeln, die eigentümlicherweise ‘Soja’ heißen, obgleich es sich nicht um Soja, sondern um zähes, paniertes Fleisch handelt. Wo immer in diesem Wald die Erde aufgegraben ist, ist sie rot. (Die Eisenbahnlinie wird gerade begradigt.)

Das *Capitol,* ein Kino, und das *Marseillais* gegenüber, ein libanesisches Restaurant, seien das Zentrum von Yaoundé, sagt der Mann an der Rezeption. Ich bräuchte dem Taxifahrer nur zu sagen: *Capitol.* Die Leute haben deprimierend unsympathische Gesichter. Weiße mit breiten Kiefern und häßlichen, kurzen Fingern. Sie sind feist. Das erstaunliche ist, daß man in einer fremden Stadt, „ins Zentrum fahrend", in so einen Haufen Widerlinge gerät. An mehreren Tischen sitzen Frauen allein. Sie trinken lange an einer Cola. Ich nehme einen Schluck Bier, denke, daß ich mich verlassen und elend fühle und schaue in die nichtssagende Gegend. Ich brauche jemand, mit dem ich mich unterhalten kann. Ein Stück weiter sitzen zwei schwarze Mädchen. Das eine Mädchen lächelt. Ihre Begleiterin sieht sympathisch aus. Ich geh rüber und frage, wozu sie Lust haben. Tanzen gehen, sagen sie. Wir trinken Cola und Rum. Die beiden tanzen hingebungsvoll.

„Willst du allein sein?"

„Oh nein."

„Für wen hast du dich entschieden?"

„Du hast doch gelächelt."

„In welchem Hotel bist du?"

„Progrès."

„Gehen wir?"

Sie gibt an der Rezeption ihren Ausweis ab. Der Nachtportier wirft ihn ins Fach. Aus dem Hof tönt die endlos gleichförmige *Makossa*-Musik. Sie benimmt sich wie ein unprofessionelles Mädchen. Ich streichle sie zwischen den Beinen und sie sagt: „Tu me fais jouir", und nur aus der Gleichgültigkeit ihrer Miene im Mondlicht erkenne ich, daß sie im Moment einem Job nachgeht.

Yaoundé. Ziegenherden und Regierungspaläste. Weiträumige super-moderne Anlagen à la Brasilia neben schreienden Händlervierteln. Die über viele Hügel erbaute Stadt ist wie ein Anzug für einen jungen Menschen, „auf Zuwachs" gekauft.

Der Taxifahrer hat seine Antenne vorn in der Mitte der Kühlerhaube angebracht.

„Votre antenne est bien placé!"

„Ouais", lacht er und dreht die Musik lauter.

Die Universität von Yaoundé liegt inmitten liebreizender

Hügel, in der Nachbarschaft eines der üblichen Slumviertel. Ein Zimmer koste hier 8000 CFA = 60 Mark im Monat, klagt mir ein Student. Das Stipendium betrage 200 Mark im Monat. Wir setzen uns auf die Veranda einer Bierkneipe. Neben der Veranda ist ein Grab. Aufgeschüttete Erde, Kreuz, Name, Lebensdaten. „Der Friedhof ist eine Erfindung der Weißen", sagt der Student.

Im Kino *Abbia,* einem riesigen Saal, laufen zwei Filme hintereinander. Ein Unterhaltungsfilm mit Cathérine Deneuve und *Detective* von J. L. Godard mit Johnny Hallyday. Die Zuschauer sehen sich Godards fragmenthaftes, unlineares Gebilde mit dem gleichen Interesse an wie den harmlosen konventionellen Liebesfilm vorher. Ich habe den Eindruck, daß sie den Film Godards schlicht für genauso vielsagend halten wie die Unterhaltungsklamotte. In *Detective* sagt jemand: „Ich begreife nicht, wieso die Franzosen in der Weltpolitik immer noch eine Hauptrolle spielen wollen, wo jeder einzelne Franzose für sich genommen eine zweitklassige Figur darstellt."

Anfrage Frankreichs an Kameruns Nachbarstaat Gabun, ob es bereit sei, den Diktator Duvalier aufzunehmen. Antwort Gabuns: „Wir sind keine Mülltonne."

Afrika ist vernachlässigt, erledigt, verdreckt, heruntergekommen, gar nicht erst heraufgekommen. Hunderttausende leben in Bretterhütten unter Bedingungen, die für Europäer unannehmbar sind. Die wirtschaftliche Misere der Schwarzen springt so sehr ins Auge, daß der Weiße sie übersehen muß, wenn er sein Leben erträglich gestalten will. Ich habe nie auch nur ansatzweise einen Rassismus Schwarz gegen Weiß erlebt, aber sehr oft einen Rassismus Weiß gegen Schwarz, wenn auch nur in Worten. Die Verdrängung des unübersehbaren Elends schafft eine bestimmte Palette von Attitüden. Die erste und häufigste ist diejenige, den Schwarzen als faul und blöd einzustufen; ihn zumindest auf der Ebene der Rede (und der Reisende hat kaum Zeit, tatsächliche Handlungen zu erfahren) zu einem unbrauchbaren Subjekt zu machen. Und tatsächlich haust er mehrheitlich in armselig möblierten, finsteren Bretterhütten mit verrosteten Wellblechdächern, mit einer unübersehbaren Kinderschar, fettige Fetzen minderwertigen Fleisches, das über Holzkohlengrills gokelt, saubere Moslems in Siebenerreihen hintereinander in blütenweißen Gewändern an der Straße im *quartier* auf den Gebetsteppichen hockend, ein Kleinhändler neben dem anderen, gröhlende Lautsprecher der Cassettenverkäufer, wer pissen will, erledigt sein Geschäft zwischen den Hütten, der Regen wäscht es fort.

Seit knapp einem Jahr gibt es eine gute, neue Straße zwischen Douala und Yaoundé. An vielen Stellen ist sie tief in die rote Erde geschnitten. Die Luft ist gut. Wenig Verkehr. Vereinzelte Fußgänger. Die obligatorischen Bierlastwagen. Haltepunkte an der Straße, die im Entstehen sind: Palmdach und Sitzbänke. „Die traditionelle Kultur sah vor, daß jeder ein kleines Dach ohne Mauern errichtete, unter dem alle beieinandersitzen, essen und plaudern konnten."

Es gießt, schüttet, regnet, prasselt. Regen ist gar kein Ausdruck. Es sind senkrecht niederdonnernde Sturzbäche. Ich frag mich, wo die Kolibris sind, die gestern noch von den Rosenblüten naschten? Versteckt unter irgendeinem Bananenblatt?

Ein gefesseltes Krokodil im geöffneten Kofferraum eines Peugeot 504. Das Maul ist mit einem dünnen mehrfach umwickelten Strick zusammengebunden. Die Beine auf dem Rücken verschnürt. Das große schwarze Auge steht offen. Unbeweglich wie das ganze Tier.

Wir sitzen wieder in Maries Wohnzimmerbar in Douala. Ein Geschäftsmann aus Belgien, Sanitärbranche, seine dunkelhäutige Frau, Peter, Deutschland, Sägewerk, achtzehn Jahre Afrika, Monsieur Epais, Herausgeber eines Wörterbuches der Douala-Sprache, sowie meine soeben aus Deutschland eingetroffene Freundin Etta, die entsetzt ist über die Armut, in der die Leute leben. Sie hat es sich nicht so schlimm vorgestellt. Es ist ein Schock für sie. Für die anderen ist es ein Schock, daß es für sie ein Schock ist. Man müsse länger dasein, dann würde man verstehen, sagt der Belgier. „Sie werden verstehen", sagt er, „Sie werden verstehen." Monsieur Epais sagt, daß es in der Douala-Sprache heute noch deutsche Worte gäbe, z. B. „Guntak", oder „Dummkopf". Die Deutschen müssen die Douala häufig „Dummkopf" genannt haben. Peter ist ein typischer, amüsanter Vertreter verbaler Schwarzenverachtung (in Wirklichkeit schien er, soweit ich es erkennen konnte, ein solidarisches Verhältnis zu seinen dunkelhäutigen Kollegen zu haben). Aus seiner fast zwanzigjährigen Afrika-Erfahrung hat er herausgefiltert, daß die Schwarzen in Afrika genauso hoffnungslose Fälle sind wie die Grünen in Deutschland.

„Fragt euch doch mal, warum die hier so leben", sagt er. Er schaut uns bedeutungsvoll-durchdringend an und nimmt einen Schluck aus der Flasche. „Vor fünfzig Jahren lebten die Leute hier noch in der Steinzeit", sagt er. „Die springen vom Baum direkt in 'n Mercedes."

Die Freundin des Belgiers stimmt ein Lied über die Schönheit ihrer Heimat an.

„Sie werden begreifen, Sie werden begreifen", sagt der Belgier.

In Yaoundé bin ich vor allem damit beschäftigt, kameruner Schriftsteller aufzuspüren, um mit ihnen Interviews zu machen. Die Literatur Kameruns ist im Vergleich zu derjenigen anderer afrikanischer Länder recht gut entwickelt und weist einige Namen von Rang auf.

Als erstes treffe ich René Philombe. In seiner kleinen Buchhandlung *Semences Africaines* döst ein junges Mädchen mit dem Kopf auf dem Ladentisch in Erwartung oder besser: Nicht-Erwartung der seltenen Kunden. Philombe, der an den Folgen einer Krankheit leidet, die ihm das Gehen unmöglich macht, hat sich gerade zurückgezogen, um auszuruhen, aber er läßt mir durch seine Frau einen Termin für den nächsten Tag geben. Philombe ist fünfundfünzig Jahre alt, er hat eine junge Frau und acht Kinder. „Politisch ist er ein Revolutionär", sagt mir eine Französin, die ihn gut kennt, „aber was die Frauen angeht ..." Philombe, der ein überzeugter Marxist ist, hat unter Ahidjo mehrere Male im Gefängnis gesessen. Er hat sich unnachgiebig immer wieder für die in der kameruner Verfassung garantierten, aber niemals verwirklichten demokratischen Freiheiten eingesetzt. „Ich habe mal eine kleine Statistik gemacht", sagt er mir, „ich empfange jede Woche fünfzig bis sechzig Gäste, Arbeiter – hier, mein Cousin, den ich Ihnen vorstellen darf, er ist Pflanzer – aber auch hohe Beamte und viele ausländische Journalisten. Manchmal tue ich so, als sei ich nicht zu Hause, denn ich bin sehr, sehr erschöpft. Ich weiß besser über die Stimmung im Volk Bescheid als der Präsident persönlich", fügt er hinzu. Philombe ist mir auf den ersten Blick sympathisch. Trotz seiner schweren Krankheit, die ihm viel Energie raubt, führt er ein intensives Leben. Von Philombe geht eine natürliche Autorität aus, die auf Wissen und vielleicht auf Weisheit beruht. Seine politischen Ansichten sind eindeutig, aber ihm fehlt alles Verbissene und Humorlose.

Yaoundé ist der Regierungssitz. Eine Stadt übersät mit Ministerien. „Sie nehmen mich nicht ernst, wenn ich nicht den Anzug anziehe", sagt Désiré. „Die gesellschaftlichen Schranken verschließen sich dir, wenn du nicht entsprechend gekleidet bist." Désiré arbeitet in einer Bank. Er will die Tugend der Nächstenliebe praktisch leben und nimmt behinderte Kinder in seine Familie auf. Der kleine Junge, den er zuletzt adoptiert hat, hat keine Hände. Sein Vater hatte ihn im Wald mit scharfen Stricken an einen Baum gebunden und vergessen. Als er gefunden wurde, waren seine Hände abgestorben und mußten amputiert werden. Der Junge trägt Ledermanschetten um die Stümpfe. Er kann die Gabel und den Schreibstift in die Manschette schieben. Er kann allein essen. Er zeigt stolz seine Schrift. Sie ist ungewöhnlich gleichmäßig und sauber.

Mit der polititschen Geschichte Kameruns der letzten dreißig Jahre ließe sich allein ein Buch füllen. Sie ist nicht arm an Greueln und hat sich abseits des Interesses der Weltöffentlichkeit abgespielt. Kamerun hatte nach dem 2. Weltkrieg eine starke, linksorientierte, nationale Befreiungsbewegung. Frankreich erlebte 1954 sein Indochina-Debakel in Dien Bien Phu. Im November 1954 begann der Volksaufstand in Algerien. Am 13. Juli 1955 wurde die kameruner Unabhängigkeitsbewegung UPC verboten. Ihre Führer gingen ins Exil oder in den Untergrund. Die kameruner Linke wurde für ungesetzlich und für vogelfrei erklärt. Die *maquisards* wurden gnadenlos verfolgt, Dörfer dem Erdboden gleichgemacht, die Bevölkerung mit Napalm bombardiert.

Dieser Krieg wurde mit allen Mitteln geführt, Kriegsrecht, Verhaftungen von Sympathisanten, Folter, Lager. Der Kampf zog sich über zehn Jahre bis in die Mitte der sechziger Jahre hin. Auf staatlicher Seite kam es zur Gründung einer Einheitspartei und zur Konzentration aller Macht in der Hand eines Mannes. Kamerun wurde ein totalitärer Staat unter der absoluten Herrschaft Amadou Ahidjos. Ahidjo benannte und entließ persönlich sämtliche Minister, Staatssekretäre, hohe Beamten und Militärs. „Es gibt keine politische oder ökonomische Macht, die nicht direkt oder indirekt auf Monsieur Ahidjo zurückgeht", schrieb der Staatswissenschaftler Jean-François Bayart. „Die konsularischen Kammern, die ausländischen und die wichtigsten inländischen Unternehmen, die Gewerkschaften und Verbände, in geringerem Maße auch die Kirchen nehmen diskret Fühlung zum Präsidialamt auf, bevor sie ihre Generalsekretäre, Präsidenten, Direktoren und Verantwortlichen wählen oder ihre Entscheidungen in diesem Bereich öffentlich bekanntgeben. Auch die juristische Gewalt unterliegt dem Präsidenten, der die Richter persönlich einsetzt."

Ahidjo trat 1983 zurück. Er übergab die Macht an seinen bisherigen Ministerpräsidenten Paul Biya. Ahidjo war ein muselmanischer Foulbé aus dem Norden, Biya ist ein katholischer Boulou aus dem Süden. Am 6. April 1984 putschten Ahidjo-Leute gegen Biya. Der Putsch wurde niedergeschlagen. Seit dieser Zeit betreibt Biya eine Politik der 'Erneuerung', die mit Skepsis, aber auch mit Hoffnung aufgenommen wird, und deren

Liberalisierungstendenzen, man muß es sagen, überall im Lande zu spüren sind.

Seit dem gescheiterten Putsch der Ahidjo-Anhänger ist es auch offiziell opportun geworden, von der vergangenen Diktatur, vom überwundenen Despotentum zu reden. Ahidjo hatte Anfang der sechziger Jahre alle Zeitungen verboten, bis auf das Blatt der Einheitspartei in Yaoundé und eine Zeitung der Weißen in Douala. Inzwischen entstand aber wieder eine Zeitungsvielfalt, wenn sich auch die kritischen Töne noch stark in Grenzen halten. Jeder Artikel muß der Zensur vorgelegt werden, aber die Zensur selber wird als Institution in Zweifel gezogen. Man fragt sich, ob die Demokratie, auf die man hinarbeitet, sich mit dem Weiterbestehen der Zensurbehörden verträgt, die jede journalistische Äußerung auf ihren 'subversiven' Charakter hin überprüft, bevor sie an den Bürger weitergereicht wird. Die offizielle Version über die Pressezensur lautet, daß sie nicht vom Präsidenten der Republik selbst ausgehe, sondern daß es „gewisse Personen“ gebe, die „allergisch gegen gewisse Wahrheiten“ seien. Es handle sich um diejenigen Personen, die unter dem vergangenen Regime „unter Umgehung jeder Moral ungeheure Vermögen angehäuft haben“. Pressefreiheit sei für diese nicht genannten Personen gleichbedeutend mit „sehr kompromittierenden Enthüllungen“.

In Afrika gibt es nicht viele Demokratien, dennoch beherrscht der Begriff der 'Demokratie' die politische Diskussion Kameruns. Zumindest verbal ist dieses Land auf dem Weg in die Demokratie. Der Schriftsteller Victor Kamga bringt das Problem sogar auf das Gegensatzpaar: Demokratie oder – Barbarei. Es gibt eine Argumentationsweise, die die Demokratie als „unafrikanisch“ hinstellt. Sie lautet so: „Sie werden feststellen, daß in jeder noch so kleinen Gemeinde, in jedem Dorf, in jeder Stadt oder auch in jedem Stamm immer nur einer, der Häuptling, bestimmt, was zu tun ist und auch allein Recht spricht. Es ist also nur einer, der alles ordnet und dem jeder, vom Minister bis zum 'Mann auf der Straße' zu gehorchen hat. Das ist jahrtausendealte Tradition, die übrigens bei der Familie beginnt, über die

Sippe weitergeht und sich in der Gewaltausübung weiterverpflanzt. Es ist ganz undenkbar, daß eine solche von der Tradition bestimmte Art des Regierens durch eine Regierungsform nach westlichem Muster mit dem Mitspracherecht der Bevölkerung abgelöst wird ..."

Nun, undenkbar ist das in Kamerun heutzutage keineswegs mehr. Warum sollte man nicht die Demokratie aus Europa einführen, man hat schon weit schlechtere Dinge importiert?

Die Weichen für den fremdartigsten Teil der Reise waren schon beim Zwischenstop auf dem Flughafen in Moskau gestellt worden. Ich kam dort mit einer Frau ins Gespräch, die mir berichtete, daß ihr Mann bei den Mafa, einem Bergstamm im äußersten Norden Kameruns ethnologische Forschungen betreibe. Die Mafa sind Animisten und leben in einer eisenzeitlichen Kultur. „Sie sind polygam – was den Frauen natürlich überhaupt nicht paßt. Ich habe mit Hilfe eines Dolmetschers viele von ihnen befragt. Sie beklagen sich alle. Ihr größter Wunsch ist es, eine Hütte für sich zu haben, wo sie in Ruhe mit ihren Kindern leben können. Wir wollen für die Leute im Dorf einen Göbel bauen ..."

„Göbel?"

„Ja. Solche Maschinen hatten die Bauern in Europa früher auch. Ein Pferd oder Ochse oder Esel läuft an einer Deichsel im Kreis und treibt eine Mühle an. Die Mafas könnten auf diese Weise Hirse mahlen. Das wäre eine große Erleichterung für sie ..."

Es fehlten noch ein paar Teile für den Bau des Göbels. Die meisten hatte die Frau des Ethnologen im Gepäck. Die Mahlscheiben wollte sie in Douala kaufen. Bei der betreffenden Firma sagte man uns, die Scheiben seien zwar angekommen, lägen aber noch auf einem Schiff im Hafen. Da sie ihren Flug nach Maroua schon für den nächsten Tag gebucht hatte, versprach ich, die Scheiben abzuholen. Mein Besuch im Norden würde so einen ganz praktischen Sinn bekommen. Ich erfuhr, daß die Straßen in Nord-Kamerun asphaltiert sind, jedenfalls ab Ngaounderé. Die Nordsüdausdehnung beträgt mehr als sechzehnhundert Kilometer. Bis Ngaounderé kann man mit der Eisenbahn fahren. Das Beste ist, den Nachtzug zu nehmen. Er verläßt Yaoundé um 19.00 Uhr und kommt morgens um sieben in Ngaounderé an. Der Zug hat sehr bequeme und saubere Schlafwagen. Ngaounderé ist ein eher nichtssagender Ort. Der sudanesische Einfluß ist schon spürbar durch die niedrigen, geweißten Mauern, hinter denen sich das Leben abspielt. Die Foulbé sind in früheren Jahrhunderten aus dem Sudan nach Kamerun eingewandert. Es bleibt gerade noch Zeit, ein Spiegelei zu verzehren und einen Nescafé zu trinken. Das Taxi-Brousse ist ein gelbgestrichener kleiner Bus. In das Auto werden generell soviel Fahrgäste hineingestopft, wie hineinpassen. Man sitzt mit wenig Kniefreiheit eng beieinander, stundenlang auf unbequemste Weise hingehockt. Aber vielleicht gar nicht so überraschend ergibt sich ein freundliches Gefühl des Miteinanders.

Einige Kilometer nördlich von Ngaounderé ist die Hochebene zu Ende. In Serpentinen geht es über den Abhang nach unten in den Brutofen der endlosen, flachen Savanne.

Garoua. Riesenpappkarton mit getrocknetem Fisch in glühender Hitze. Hände, Kopf und Arme mit Wasser aus kleiner, grüner Plastikflasche waschen. An der Hintertür des Taxi-Brousse wandelt ein Warenhaus vorbei, auf Einzelhändler verteilt, Armbanduhren und Parfüm, Taschenrechner und Damenoberbekleidung auf gelbem Plastikbügel, Cassetten und Coca-Cola, Socken, Waschmittel und blaue Plastikpuppen. Der Bettler kommt mit ausgestrecktem Zeigefinger auf mich zu, reißt mir die Fanta-Dose aus der Hand und trinkt.

Alle Städte Kameruns sind eine Enttäuschung – mit Ausnahme von Maroua. Man muß bedenken, daß es hier Städte überhaupt erst seit siebzig oder weniger Jahren gibt. Sie können also noch nicht viel Eigenart und Atmosphäre besitzen. So sind sie Anhäufungen häßlicher Betonbauten, umgeben von kleinen Steinhäusern und einer unübersehbaren Menge von Holz- und Lehmhütten mit verrosteten Blechdächern, deren Rost so rötlichbraun ist wie die Erde. Maroua ist die einzige Überraschung. Diese arabisch anmutende Stadt hat überall niedrige, weiße Mauern, sie wirkt organisch, und es gibt keine Slums. Der Charme Marouas sind die Bäume. Eine Stadt aus schattigen Alleen. Vor siebzig Jahren hat man überall den aus Nigeria stammenden Neem-Baum gepflanzt. Dieser Baum vertreibt angeblich die Insekten. Der Samen des Neem-Baumes soll als Anti-Babypille auf weibliche Insekten wirken. Manche Straßen in Maroua sind breite Sandwege. Das weite Flußbett ist um diese Jahreszeit, es ist März, völlig trocken. Besonders nach Sonnenuntergang herrscht eine entspannte Atmosphäre. Jungs liegen im Sand ausgestreckt vor dem *Restaurant Central.*

Das Mandara-Gebirge, Siedlungsgebiet des Stammes der Mafa im Norden Kameruns, umfaßt ein Gebiet von einhunderfünfzig Quadratkilometern, eine ländliche Region, die mit mehr als 130 Personen auf dem Quadratkilometer dicht besiedelt ist. Die Hügel und die höheren Berge sind bis an die Gipfel terrassiert. Überall wird Hirse angebaut. Hirse ist das Grundnahrungsmittel. Die Häuser sind rund, fensterlos, und sie haben spitze Dächer aus Hirsestroh. Sie stehen immer zu mehreren zusammen. Sie werden aus gewässerter und gestampfter Erde gebaut. In der trockenheißen Luft verdunstet das Wasser sehr schnell und die Mauern werden hart und haltbar.

Der Ethnologe sagt: „Die Weiler tragen Bezeichnungen wie *Am Bauch des Flusses, Am Kopf des Flusses, Der Rücken des Berges* oder *Stelle wo es sandig ist.* In der Mafa-Sprache heißen die Weiler *gei.* Das Eingangshaus heißt *tschautschau.* Es ist sozusagen das Empfangszimmer des Hausherren. Der Hausherr wird *babgei* genannt. An das Haus des *babgei* schließt sich der Hirsespeicher an. Dieser Speicher muß sorgsam gehütet werden, denn es gibt nur einmal im Jahr eine Ernte. Die Regenzeit ist kurz und die Trockenzeit sehr lang. An die Häuser schließen die Frauenhäuser an, eins, zwei oder drei, je nachdem wieviele Frauen der Mann hat. Am Ende kommt die Küche. Alle Häuser sind durch einen niedrigen Gang miteinander verbunden.“

„Die Mafa sind Animisten. Im Mittelpunkt ihrer Religion steht die Erde. Ich persönlich sehe die Afrikaner sowieso in dieser Art: Sie sind so fest an die Erde gebunden wie die Bewohner keines anderen Kontinents. *Im Himmel kann man sich nur verirren,* sagen sie. In jedem Haus steht ein bestimmter Tontopf, der einen bestimmten Ahnen repräsentiert. Auf der Erde ist alles wohlgeordnet und hat seinen festen Platz. Wenn der Vater eine Opferzeremonie vollzieht, die beispielsweise darin besteht, Hirsebier auf die Erde zu schütten und es also der Erde zu opfern, muß in dem Moment jeder an seinem Platz sein, die Kinder in ihrem Häuschen, jede der Frauen in ihrem Haus. Der Vater trinkt zuerst, dann gibt er seinem ältesten Sohn. Der jüngste trinkt als letzter. Die Religion ist ein Ordnungsfaktor. Sie gibt der Gemeinschaft einen Zusammenhalt. Der Grund und Boden zum Beispiel wird von den Ahnen übernommen und von der Gemeinschaft treuhänderisch verwaltet. Dieser Bund muß immer wieder erneuert werden, beispielsweise durch das auf die Erde geschüttete Bier.“

Über die ganze Weite der Täler und Höhen verteilt hört man – während die Sonne gerade erst einen Fingerbreit über dem Horizont steht – nah und fern das Gemecker der Ziegen, das Summsen der menschlichen Stimmen, Geräusche weit entfernter menschlicher Unterhaltungen drüben auf dem Bergrücken. Überall sind schon die Frauen mit Wassergefäßen auf den Schultern unterwegs. Pfeifend schließt eine die Wellblechtür eines Rundhauses auf.

Der Lehrer sagt: „In die Schule gehen 1000 Kinder, aber nur 300 überstehen das erste Schuljahr. Die übrigen verlassen die Schule gleich wieder, oder sie wiederholen das Jahr. Da die Männer hier polygam sind, hat jede Familie 10, 15, ja 20 Kinder. Der Unterricht ist zwar frei, die Schulbücher müssen aber selbst bezahlt werden, und das macht eine so beträchtliche Summe aus, daß aus jeder Familie nur wenige Kinder die Schule abschließen können. Ich habe 126 Kinder in einer Klasse. Sie bringen mir manchmal wirklich den Kopf zum Platzen.“

Der Himmel über den Bergen wirkt gegen Abend immer staubig. Keine sich verändernden Wolkenformationen. Immer durchmessen einzelne die Pfade durchs Gelände. Aus der Ferne schallen Unterhaltungen vieler Stimmen herüber. Kinder ziehen singend vorbei. Es ist Sonntag. Junge Mädchen winken aus dem Tal des trockenen Flusses. An den Wasserlöchern, die in das Flußbett gegraben sind, werden ausgedehnte Schwätzchen gehalten. Ein junges Mädchen von 16, das als sehr hübsch gilt, hat schon zum dritten Mal einen Mann verlassen.

Jetzt wird es schnell dunkel, und es ist noch immer zu heiß. Ein Tamarindenbaum wirkt gegen den Himmel gesehen für einen Augenblick tiefseegrün. Eine Frau geht durch die Dunkelheit und singt: „Mein Mann ehrt mich nicht. Er zieht die Frau aus der Ebene vor. Bin ich schlechter, weil ich in den Bergen geboren bin?“

Neben dieser dem Anschein nach so wohlgeordneten Gesellschaft läuft im Haus des weißen Mannes das verwirrende abendfüllende Thema ‘Frau und Mann’. Die bäuerlich-animistische Gesellschaft ist offensichtlich vom Mann bestimmt, der mehrere Frauen nimmt. Der Grund und Boden, Ahnen hin, treuhänderische Verwaltung her, gehört im Grunde dem Mann. Die Frau ist nur ein Arbeitstier. Wie immer man Polygamie ‘erklären’ mag, sie ist ungerecht. Unser weißer Ethnologe ist von den patriarchalischen Sitten der Mafa-Männer angesteckt. „Drei Frauen, die den ganzen Morgen faul in der Sonne liegen und keine schafft es, ein Mittagessen auf den Tisch zu bringen“, brummt er. „Bei den Mafa wäre das nicht drin.“ Dann muß er selbst an den Kochtopf und die Stimmung ist verdorben.

Dort unter dem Baum dürfte ein guter Platz für eine Brunnenbohrung sein. An der Stelle wurde früher auch schon Lehm gegraben. Alles weist darauf hin, daß in nicht allzugroßer Tiefe Wasser ist. Die Männer palavern in ‘Mafa’. „Sie sagen, daß sich nur manche an der Arbeit des Brunnenbaus beteiligen würden“, übersetzt der Lehrer. „Manche sind zu faul, um mitzumachen ... Sie werden aber trotzdem Wasser haben wollen, wenn der Brunnen erstmal fertig sein wird ... Dann wird man den Brunnen abschließen mit einem Schloß ... Das wird nichts helfen ... Sie werden das Schloß aufbrechen."

Das lila Hirsebier, auf dem Fettaugen schwimmen, kreist. Es geht in großen Kürbishälften von Hand zu Hand. Ich nehme immer nur einen kleinen Schluck. Mein Nebenmann kippt jedesmal die ganze Kalebasse herunter. Sie zeigen gern, wie zwei Männer Wange an Wange gleichzeitig aus einer Kalebasse trinken, ohne einen Tropfen zu verschütten.

Der Lehrer ist Christ. Seine sehr jung aussehende Frau hat schon fünf Kinder. Sie scheint sehr demütig, will aber auf keinen Fall hinnehmen, daß er eine zweite Frau nimmt. Als Kompromiß ist ein Boy ins Haus gekommen, um die Frau des Lehrers bei ihrer Arbeit zu entlasten. Der Boy ist aber nur eine Woche geblieben, obgleich er denselben Lohn wie bei einem Weißen bekommen hat. Seine Bekannten haben sich über ihn lustig gemacht, weil er Diener bei einem Schwarzen sei. „Er hat nur kräftig in der Küche geklaut. Und dann ist er weggeblieben", sagt der Lehrer enttäuscht.

„In dem Moment, wo jemand von den Bauern hier Christ wird, wird der ganze Opferkomplex auf Christus übertragen, der ja für alle am Kreuz gestorben ist. Als Christ bist du mit einem Schlag aller Verpflichtung der naturreligiösen Gemeinschaft gegenüber enthoben. Du kannst jetzt auch Grund und Boden verkaufen. Du kannst hingehen, wohin du willst. Du kannst in Maroua arbeiten, du kannst in Douala arbeiten, du kannst nach Europa gehen. Du mußt nicht zurückkommen, um mit deinen Verwandten das Opfer an die Erde zu bringen, von der du stammst. Du bist frei, aber der Preis, der dafür gezahlt werden muß, ist hoch. Individueller Reichtum wird möglich. Bei den Mafa gibt es reichere und ärmere, aber es gibt nicht arm und reich. Einer, der Chef ist, kann ärmer sein, als einer, der nicht Chef ist, denn der Chef hat seinen Posten nicht, weil er der wohlhabendste, sondern weil er der älteste ist und vom ältesten Siedler abstammt. Durch das Christentum, die Schule und den Fortschritt kommt eine bedrohliche Veränderung in diese Welt. Die Kindersterblichkeit ist stark zurückgegangen. Die Familien haben jetzt mehr Kinder, als sie ernähren können. Die Abwanderung wird mit der ersten Generation der Schulabgänger beginnen. In dem Moment, wo der Lehrer einen Fernsehapparat hat, wollen die Bauern nicht mehr in den Bergen sitzen und den Mond angucken. Wenn die Jungen fortgehen, wenn nur noch die Alten zurückbleiben, werden die von Generationen in mühevoller Kleinarbeit geschaffenen Terrassen verschwinden. In den Fortschritt ist die ökologische Katastrophe einprogrammiert. Wenn die Terrassenfelder nicht mehr bestellt werden, verkarstet der Berg und der Grundwasserspiegel sinkt im Tal."

Der Westen Kameruns, der Teil, der an Nigeria angrenzt, war bis 1961 unter britischer Verwaltung. Er ist auch heute noch vorwiegend englischsprachig, und die 'Vereinigte Republik Kamerun' ist aufgrund der Vereinigung beider Teile offiziell zweisprachig, wenn auch das Französische bei weitem überwiegt. Der Westen ist trotz seiner ländlichen Struktur mit 75 Bewohnern pro Quadratkilometer ebenfalls dicht besiedelt. Im Ganzen gesehen wohnen 70 % der Kameruner auf dem Land, allerdings mit abnehmender Tendenz, die Städte wachsen schnell, Douala zum Beispiel um etwa 50 000 Menschen im Jahr, Yaoundé um 40 000 im Jahr. Kamerun kann seinen Nahrungsmittelbedarf selber decken, beziehungsweise könnte es; ich trank zum Beispiel eine Dose Orangensaft, die aus Österreich importiert war. Die Staatsfinanzen sind relativ gesund, die Auslandsverschuldung hält sich in Grenzen. Dieses Nachbarland Nigerias verfügt über bedeutende off-shore Ölvorkommen, die zu 80 % exportiert werden und darüber hinaus den Inlandsbedarf decken. Die Bundesrepublik Deutschland ist unter anderem im Uranabbau engagiert und in der Holzgewinnung. Die allgemeine Klage, die man immer wieder hört, ist der Gegensatz zwischen „unserem reichen, schönen Land" (die Kameruner sind bei aller ethnischen Verschiedenheit sehr nationalstolz) und der offensichtlichen Armut großer Teile der Bevölkerung.

Im Westteil herrscht, bedingt durch seine Höhe, die bis auf 2000 Meter ansteigt, ein mildes Klima. Die meisten Bewohner haben ein Stück Land, das sie für den Eigenbedarf bestellen. Die rote Erde wird mit der Handhacke umgegraben, Yamswurzeln, Bohnen, Mais und Kochbananen angebaut.

Autostop ist die schnellste Art, vorwärtszukommen. Es läuft schneller und bequemer als das immer überfüllte Buschtaxi. Da es so gut wie keinen Tourismus gibt, herrscht einerseits noch eine ursprüngliche Hilfsbereitschaft bei der Überbrückung schwieriger Distanzen. In abgelegenen Gebieten kommt man sowieso nur mit Privatfahrzeugen weiter. Es ist üblich, dem Fahrer den Preis des Taxi-Brousse zu zahlen. Die Weißen, die Libanesen, die gutgestellten Kameruner nehmen den Reisenden umsonst mit. Da ein Auto mindestens doppelt soviel wie in Europa kostet, sind viele der Leute, die ein Auto besitzen, bessergestellt. Je größer und teurer ein Wagen ist, umso seltener wird man kontrolliert. Die Buschtaxis dagegen werden fast immer kontrolliert. Jeder Kameruner muß seinen Ausweis und sein Steuerticket bei sich tragen. Die Kontrollen sind im Grunde Überbleibsel vergangener Zeit kriegerischer politischer Unruhen. In der Regel werden sie heute von den Polizisten nicht mehr zur Gehaltsaufbesserung ausgenutzt. Hier hat sich schon die Politik der 'Moralisierung' der öffentlichen Dienste durchgesetzt. Außerdem sind die Straßenkontrollen in letzter Zeit stark reduziert worden.

Jetzt wache ich tatsächlich in einer Art schweizer Berghütte auf. Nicht nur, daß mir von Großfotos, die auf den Kleiderschrank geklebt sind, Almen und Alpen entgegenlachen: draußen sind grüne Hügel. In der Nacht hat es angefangen zu regnen, und es hat jetzt am Morgen noch nicht aufgehört. Gerade verstärkt sich das Trommeln auf dem Dach, der Regen legt einen Zwischenspurt ein. Baptisten, Adventisten, Lutheraner, Presbyterianer: Afrika ist das Eldorado der Missionen. Ich befinde mich in der Wohnung eines schweizer Doktors in einem Hospital der Basler Mission in der Gegend von Mbengwi, aber weit außerhalb der kleinen Stadt. Das Hospital ist in der Absicht erbaut worden, auch die ländliche Bevölkerung medizinisch zu versorgen.

Auf den Nachbarhügeln einige Bororo-Dörfer. Die Bororo, Viehzüchter, ursprünglich Nomaden, stolze Wüstenbewohner, sind hier, auf den grünen Hügeln Afrikas, allerdings seßhaft. (Die unendlich majestätische Geste, mit der eine sehr schöne Bororo-Frau auf dem Bahnhof von Yaoundé ihre schmalgelenkige Hand hinstreckt, damit wir eine Münze hineinlegen dürfen.) Die Bororofrauen sind schmalhüftig. Eine von ihnen bringt dem Arzt morgens ausgesprochen wohlschmeckende Milch.

Die Arztfrau sagt: „Von hier aus kann man auf der Piste noch eine Stunde weiterfahren, dann ist sie zuende, und es geht nur noch zu Fuß weiter. Am Samstag ist Markt in Mbengwi. Die Frauen kommen mit den Früchten ihrer Feldarbeit. Der Markt ist ihre Einnahmequelle. Um aus den Bergen herunterzukommen, gehen sie oft zwei Tage."

Im Krankenhaus gibt es keine Küche. Jeder Kranke bringt einen Verwandten oder Freund mit, der ihn verpflegt. Die Verwandten oder Freunde liegen vor dem Krankenhaus im Gras und warten. Der Arzt sagt: „Manche Frauen haben schon zehn Geburten hinter sich, aber es ist immer noch schwer, dem Mann die Erlaubnis zur Sterilisation abzuringen. Wir müssen sehr massiv werden und ihm drohen, daß die Frau bei der nächsten Geburt sterben werde."

Ich beschloß, die letzten Tage in Kribi zu verbringen. Der größte Teil der Küsten Kameruns besteht aus Mangrovensümpfen, aber in Kribi, im Süden des Landes, gibt es kilometerlange Sandstrände. Der Lobe-Fluß stürzt mit einem Wasserfall direkt ins Meer. Kribi hat einen kleinen Hafen, aus dem zur Hauptsache Holz verschifft wird. Die Schiffe ankern weit draußen auf Reede, und das Holz wird auf Pontons gelagert hinausgeschleppt.

26. März 1986, Douala. Ich trinke ein kaltes Bier unter den Arkaden. Ich bin seit einigen Tagen froh, daß ich abfahren kann. Das Gefühl, kein rechtes Verhältnis zu den Menschen, zu den Dingen zu gewinnen, kommt auf, trotz (oder wegen) der vielen Dinge, die man in dieser Reiseüberwachheit bemerkt hat. Der Kellner hat die mit *payé* (bezahlt) abgestempelte Rechnung mit „Merci, Séraphim" unterzeichnet. Séraphim, das ist er, der Kellner. Die Frauen haben ihre Haare zu dünnen, vom Kopf abstehenden oder wieder zu ihm hingeknickten Spinnenbeinen gedreht. Die Brauerei Kronenbourg kündigt für Douala eine 'Elsässer Woche' an. Ein vollbesetzter Autobus fährt vorbei. Er hat die Aufschrift „MARCELLE ITALIANA, Schuhe und Handtaschen Ihrer Träume".

Thank you come again

Philippinisches Kaleidoskop

Die Philippinen haben ein Abonnement auf die Tagesschau. Revolution und Rebellen, Verschuldung, Gier und Mord, Demokratie, Moslems und Kommunisten: diese Nachrichten verkürzen sich zur Abstraktion. Armut und Prostitution, asiatische Freundlichkeit und Südseestrände in einem westlich orientierten, katholischen Land ... Das *Glowmoon* in Kalibo auf der Insel Panay ist ein Hotel mit einer schrägen Atmosphäre aus Kitsch, Verkommenheit und nicht ganz gelungener Eleganz. Der große Ventilator, der sich an der Decke dreht, ist fast schon ein Symbol für die Tropen; die durchgelegenen Betten, der Moskitodraht vor den Fenstern und die Hitze, die den ersten Teil des Nachmittags immobilisiert. Ich weiß auch nicht, warum dies die ersten Eindrücke sind, die mir wichtig erscheinen. Die Bierbar heißt *High Chapparal* und hat ein großes, erleuchtetes Bierglas als Zeichen. Die Passanten auf der Straße grüßen im Vorübergehen. Das Postamt hat noch um acht Uhr abends geöffnet, und nebenan wetzt ein Barbier sein Messer. Eine junge Frau läßt sich mit Pinseln das Gesicht schminken und eine zweite in geblümtem Kleid mit Gazeschal die schwarzen Haare hochstecken.

Die Innenstadt von Cebu City, das im Reiseführer als die „Königin des Südens" gepriesen wird, wo noch ein „gemütlicheres" Leben als in Manila möglich sei, sieht in Wirklichkeit aus wie dem Hirn eines irren Architekten entschlüpft. Der Wille zur Häßlichkeit ist hier so vollkommen in Materie, in Bauten umgesetzt, daß man von einem wahrhaft gelungenen Ausdruck gesichtsloser Gier sprechen muß; zwei- bis fünfstöckiger Beton, der blind in die Gegend starrt, ein Gewirr von Elektroleitungen, die wie ausgefranste Nervenfasern in der Luft hängen. Schmutzige Kinder, die auf Pappkartons schlafen.

Die Kaufhäuser sind auch am Sonntag geöffnet. Ein Laden, wo man für ein paar Pesos Comics lesen kann, ist bis auf den letzten Stuhl gefüllt. In der Kirche stehen die Leute Schlange, um eine geweihte Kerze zu entzünden. „Drop your payment here, cinquenta centavos each.“ Draußen auf dem Platz hält der lila gewandete Priester eine Predigt in Cebuano, ab und an mit englischen Brocken untermischt, wie „Okay Lord, I will go with you“. Unten am Hafen steht ein altes spanisches Fort. Auf seinen breiten Mauern sind Rosensträucher und schattige Bäume gepflanzt. Auf jedem der alten, gußeisernen Kanonen hat sich ein Liebespaar niedergelassen. Ein frischer Wind weht vom Meer und vermischt sich mit dem Duft der Rosen.

Auf einem Hügel über Cebu liegt ein taoistischer Tempel. *Cleanliness is next to godliness* ist auf einem Hinweisschild zu lesen, „to prepare yourself for spirituel cleaness you have to wash your hands“ –: Reinheit ist der Göttlichkeit benachbart, und zur Vorbereitung auf die geistige Sauberkeit waschen Sie sich bitte die Hände. Der Tempel ist winddurchlüftet und hell, Chrysanthemen und Rosen, gelb und rot, Schalen mit frischen Früchten auf dem Altar, Wände und Decke in lebhaften Farben bemalt, rot und gold, grün und gelb, weiß und schwarz, aber auch braun, rosa und ocker. Man merkt die Absicht, keine irdische oder himmlische Farbe auszulassen. Das häufigste Motiv ist der Drache auf hellblauem Himmelshintergrund. Die Chinesen waren schon lange vor den Spaniern auf den Philippinen, was aus der geographischen Nachbarschaft leicht erklärlich ist. Die nördlichsten Inseln der Philippinen liegen nur 100 km von Taiwan entfernt. Die Chinesen kamen als Handwerker und Kaufleute. „Während die Spanier berüchtigt waren für ihre Faulheit und die Eingeborenen sie darin nachahmten“, schreibt Agoncillo in seiner *Geschichte der Philippinen,* „wurde die handwerkliche Arbeit, auf welche die Spanier mit hochmütiger Verachtung herabsahen, von den Chinesen verrichtet”.

Vom Tao-Tempel blickt man auf das Viertel der Reichen, das sinnigerweise *Beverly Hills* heißt ... Im Dunst liegt Mactan-Island, wo 1521 Ferdinand Magellan von dem einheimischen Häuptling Lapu-Lapu erschlagen wurde ... Magellans Expedition war von dem Augsburger Bankier Jacob Fugger III. finanziert worden, der sich entscheidende Vorteile im Gewürzhandel versprach ... Dem Kapitän selbst waren 1/20 der Erträge allen entdeckten Landes und zwanzig Prozent des Nettogewinns seiner Reise zugesichert worden ... Das ist lange her und im Dunst der Geschichte verschwunden ... Der junge Filipino, den ich oben am Tao-Tempel treffe – seine Augen verraten chinesisches Blut – weist auf die umliegenden Hügel und sagt: „Hier gehört nichts mehr den Einheimischen. Die Spanier haben den Filipinos beigebracht, die Augen zu schließen und zu beten, und als sie die Augen wieder öffneten, war das Land weg, und sie hatten nur die Bibeln in der Hand!“

Er hat ein dickes Buch mit Texten über und von philippinischen Nationalhelden, bei Lapu-Lapu angefangen. Er selbst will aber kein Held, sondern Lehrer sein für seine Freunde – zum Beispiel würde er seinem Begleiter (einem intelligent aussehenden jungen Mann, der stumm mit weit aufgerissenen Augen der Unterhaltung folgt) englisch beibringen. Er sei auf den Berg hier gekommen, um zu meditieren, oder wie die griechischen Philosophen unter den Bäumen zu lehren. „Ich arbeite manchmal als bezahlter Redner. Ich halte Reden für Parteien. Wenn sie nicht zahlen, red' ich nicht. No money, no speech! Was, Sie haben bloß 50 Pesos? Dafür red' ich nur 'ne halbe Stunde!“

Abends seidenweiche Luft. Alle Menschen, von den ganz alten abgesehen, sind auf der Straße. Sie sitzen in Gruppen zusammen. Überall glimmen die Holzfeuer unter den Aluminiumtöpfen. Die Jeepneys sind bunt bemalt wie der Tao-Tempel. Sie haben jetzt, nachts, grüne und gelbe Lichter auf dem Dach.

Busbahnhöfe sind neuralgische Punkte in der Stadtlandschaft. Hier kommt alles zusammen, der Schmutz und die Hast und das Abfahrenkönnen und die kleinen aus ein paar Brettern zusammengezimmerten Imbiß-Küchen und die dichte Schar der Straßenhändler. Während der Fahrt durch die endlosen Vororte von Cebu, der drittgrößten Stadt der Philippinen, beim Anblick der Bretterhütten, der unzähligen Menschen, der Stadthäßlichkeit habe ich das Gefühl, daß jeder Fortschritt eine Illusion sei. Es gibt einfach zu viele Menschen. Wie das Los des Einzelnen verbessern, wenn die Zahl der Menschen explodiert?

Der Busfahrer legt ein Höllentempo vor. Wenn er wegen eines Kindes oder einer Ziege, die plötzlich auf die Straße laufen, bremsen muß, werde ich mir unweigerlich den Schädel an dem ungepolsterten hohen Gestänge der Vorderbank einschlagen. Aber dann muß der Bus langsamer werden, weil er ins Gebirge hochzieht. Die Hälfte der Philippinen soll bewaldet sein – aber wo ist der Wald geblieben? Sind die paar Palmen hier überall auf den dürren Bergen schon ein Wald? Und dann steigt man in flirrender Mittagshitze in einem Dorf aus, und als der Bus weggefahren ist, ist es plötzlich sehr still. Da ist nur eine Bude mit ein paar windschiefen Bänken davor, wo Zigaretten und Bonbons verkauft werden, und ich gebe meine gewöhnliche Bestellung auf: „Two sticks of HOPE“, zwei einzelne Mentholzigaretten, HOFFNUNG ist der Name der Marke.

In dem Buch *Reisen auf den Philippinen* von Dr. Feodor Jagor aus dem Jahre 1873 heißt es über das Leben auf den Visaya-Inseln: „In diesen abgelegenen, von der Natur so reich ausgestatteten Inseln, wo der Druck von oben, der innere Trieb und die äußere Anregung fehlte, hat sich das behagliche Leben bei geringen Bedürfnissen in voller Breite entfalten können. Von allen Ländern der Welt mögen die Philippinen wohl den Anforderungen an ein Schlaraffenland am meisten entsprechen. Wer das Dolce far niente nur von Neapel her kennt, hat noch keinen Begriff davon: es gedeiht nur unter Palmen ... Hier kann der Mensch sehr vieles unmittelbar aus den Händen der Natur für seine Zwecke verwenden und sich durch geringe Mühe verhältnismäßig großes Behagen schaffen.“ An diese gewiß völlig unzutreffende Einschätzung muß ich denken, als ich den Priester im langen weißen Gewand beim Sonnenuntergang am Meer in aller Gemütsruhe sein Bier schlürfen sehe; am nächsten Abend sitzt an derselben Stelle ein Mann mit kleinem kugelrundem Bauch, der Lehrer.

Die menschliche Antwort auf die Natur ist der Park. Der Park nimmt der Natur ihre Wildheit. Das Abgestorbene, Verfaulte, Abgefallene wird ausgesäubert. Selbst die wilden Tiere verhalten sich ordentlich. Der Mensch im Großstadtdschungel lebt schmutziger als die natürliche Dschungelgemeinschaft mit ihren Geiern und Ratten. Am Kawasan-Wasserfall: Disney hätte lange gebraucht, um die vier, fünf übereinandergelegenen Bassins oder Pools zu konstruieren, diese kunstvolle Landschaft. Reine Verschwendung der Natur, die ein mächtiges Reservoir von frischem, klaren, kalten Süßwasser, das sie nicht mehr braucht, ins Meer kippt. Der Wasserfall ernährt eine Familie, die Essen kocht und Hütten vermietet.

Erdbraunes, echsenhäutiges Gestein. Eine Echse, die vom oberen Rand des Felsens ins Wasser springt, zum Trinken gebeugte Köpfe von Naturgeistern neben der herabprasselnden Gischt.

Trotz der einen Million Besucher auf den Philippinen im Jahr ist das Auftauchen von Bleichgesichtern in den meisten kleinen Orten immer noch eine Sensation, die sich wie ein Lauffeuer verbreitet. Auf einen Schlag sind fünfzig Kinder um einen herum. „What's your name? ... Where do you come from? ... Are you married ... How many children?" Weiterfahrt hinten an den Jeepney geklammert. Kleiner Hafen, zu dem mir nur einfällt: weltabgewandt. Die Holzfähre, die uns von Cebu nach Negros übersetzen wird, dümpelt am Pier. Die Passagierliste wandert herum, und alles stürzt sich mit unverhohlener Neugier auf unsere Eintragung. – In Manila habe ich den bekannten philippinischen Romancier N. V. M. Gonzales getroffen; er hat mir den ursprünglichen Sinn der Art und Weise erklärt, wie der Filipino dem Fremden mit seinen Fragen gegenübertritt. „Er fragt: Woher kommst du? Wie heißt du? Bist du verheiratet? Wieviel Kinder hast du? Wissen Sie, warum er das fragt? Sie glauben, daß er unverschämt, viel zu neugierig ist ... Nein: Er will Sie einbeziehen! Er will Sie zu einem Teil der Gemeinschaft machen. Eines Tages, sagt er sich, werde ich vielleicht sein Land besuchen, also werde ich, solange er hier ist, ihm alles so angenehm und vertraut machen, wie ich nur kann ..."

Dumaguete, Negros. Die Luft ist vom immerwährenden Geknatter der Tricycles erfüllt. Sie quaken wie hungrige Frösche. Mischung aus Abfluß- und Küchengeruch. Dazwischen zetert die Radio-Werbung. Die Tricycles sind numeriert. Es muß über Tausend von ihnen geben, gerade rollt Nr. 1238 vorbei mit dem Namen „Ulysses", gefolgt von Nr. 1080 „Pascual" und Nr. 996 „Our Lady of Lourdes". Der *Unisex Beauty Salon* gegenüber annonciert: *Our Manila hair stylist.* Der Schuhputzer kommt zum zweiten Mal vorbei und zieht mit traurigem Gesicht weiter. An ihn erinnerte ich mich bei der Schiffsüberfahrt, an sein altes Kindergesicht, fast alles trägt Billigsandalen. Im Kino gegenüber spielt *Fight to win.* Die Trottoirs sind aus Zement gegossen. Die Häuser in der Regel aus Holz und einstöckig, was ein ganz guter Anblick ist. Bei manchen wurde sogar sowas wie Stil versucht. Die Menschen sind noch der Freundlichkeit zugänglich. Es kommt im Gegensatz zu europäischen Verhaltensweisen fast nie vor, daß ein Lächeln nicht erwidert wird. Kleine, schattige Sitzgelegenheiten am Wegesrand. Lichtgrüne Reisfelder. Kleine Mahlzeiten aus Reis und Huhn oder Fisch.

Das Schiff zieht ohne Eile über das kaum bewegte tintenblaue Meer. Die Passagiere dösen in Liegestühlen auf dem schattigen Oberdeck. Das Schiff wiegt sich sanft wie in träumerischer Zeitlupe. Eine milde Brise weht.

Der Verwalter des *Guest House* von Larena auf Siquijor streicht sich mit irritierter Geste eine junge Eidechse von der Wange. Die kleine Insel wird vom großen Tourismus verschont bleiben, weil sie über keine schönen Strände verfügt. In *Louisas Eatery,* einer Kneipe am Hafen, begrüßen uns gleich der Vize-Governor, der Chef-Ingenieur und der Steuerinspektor; letzterer ist schon viel in der Welt herumgekommen, allerdings nur in Filmen und

Büchern. Seine Fingernägel sind lackiert, weil das den Schmutz abstößt. Louisa und der Vize-Governor laden uns zur Fiesta im benachbarten *barrio* ein. Kaum eine Stunde auf der Insel, werden wir schon an den Tisch für die Honoratioren und Ehrengäste plaziert. Das Fest findet natürlich unter freiem Himmel statt, auf der „multi-purpose-plaza“, die jedes *barrio* besitzt; sie dient dem Basketball, dem Volkssport Nummer eins und kann leicht in eine Open-Air-Disco verwandelt werden. Festanlaß ist die feierliche Inthronisation der Königin Susanna I. und Amtsablösung ihrer Vorgängerin vom letzten Jahr. Der Vize-Governor wird mit Hochachtung empfangen. Es scheint einen natürlichen Hang zur Ehrerbietung zu geben; Respekt vor den Autoritäten scheint Teil des noch gültigen kulturellen Musters zu sein. Die Meute kleiner Jungs hinter unserem Rücken tanzt wie wild zu den Lautsprecher-Rhythmen; glückliche, ausgelassene Kinder haben die Philippinen dem steifen, vermuffelten Europäer immer wieder zu bieten.

Louisa beschafft am nächsten Tag ein Motorrad. Die Küstensandstraße um die Insel mißt siebzig Kilometer. Der Vize-Governor fährt eines der wenigen Autos auf der Insel, und wie hervorgezaubert taucht er mit seinem Chauffeur genau in dem Augenblick auf, als ich vor einem plötzlichen Steilhang zu stark auf die Bremse gehe und auf dem Schotter stürze. Da jeder jeden kennt, ist der Fremde immer Gegenstand von Neugier, was auch ganz offen gezeigt wird. Ganz selbstverständlich wird man auf ein Getränk ins Haus gebeten. Die Schwierigkeit, eine 100-Peso-(gleich zehn Mark)Note zu wechseln, zeugt von dem geringen Geldumlauf. „Hier auf der Insel gibt es keine *bad elements“,* sagt ein alter Mann, „es ist nicht wie in Cebu, es ist nicht wie in Manila. Ein neues Gesicht fällt hier sofort auf.“ Je mehr Komfort man hat, um so weniger passiert. Louisa, ihr Ehemann Douglas und ihr Restaurant bilden schon das erste Residuum einer möglichen Bourgeoisie. Auch wenn es noch nicht direkt unangenehm ist, merkt man doch, daß sie auf was Besseres aus sind. Inmitten ihrer Unterhaltungen mit dem Vize-Governor oder anderen Gästen erstarren sie manchmal und sehen mit leeren Gesichtern auf das Meer hinaus.

Manila streitet sich mit Bangkok um die Ehre, die Sexhauptstadt Südostasiens zu sein. Hier sind 'die Frauen noch Frauen', und die Männer 'haben etwas zu bieten', selbst wenn es mit ihnen in Europa nach Erscheinung und Manieren, Geist und Geld nicht weit her ist. Dickleibig, hinkend, schwitzend, mit Hasenscharten und Wolfsrachen, ein Raritätenkabinett mißgestalteter Weißer, Strandgut der Erotik, hat hier die letzte Chance, noch einmal ein junges Mädchen in die Arme zu schließen. Manila hat für jeden Weißen Liebe zu Discountpreisen. Das wirtschaftliche Mißverhältnis zwischen Erst- und Drittweltländern macht diesen Austausch von *cash and flesh* möglich. Für die Filipina aus der besitzlosen Klasse, die keine Ausbildung hat, ist die Ehe mit dem weißen Mann die beinahe einzige Chance, der Armut zu entgehen. Selbst die niedrigste Straßenprostitution ist, wenn man so sagen darf, 'durchseelt' von dieser Sehnsucht nach Bindung und Ausweg: die Mädchen küssen den Fremden auf den Mund. Noch herrscht nicht das Gesetz der modernen Industriegesellschaften (Höchstmaß an Profit in einem Mindestmaß an Zeit), das in westlichen Ländern natürlich auch die geschäftliche Sexualität regiert.

Im *Blue Hawai,* einer der größten Tanzbars auf der Pilar Street, arbeitet Mira. Sie ist 19 und kommt aus der Provinz, aus Cebu. Zweihundert 'Tänzerinnen' sind im *Blue Hawai* Tag und Nacht auf drei Bühnen zu besichtigen. Rockmusik, Video-Clips, Lightshow, Stahlblech, kühl klimatisiert. Besitzer des *Blue Hawai* soll angeblich ein Herzchirurg aus den USA sein. Mira schaut nur nach den weißen Männern jede Nacht, denn die Filipinos kennt sie schon, wie sie sagt. Wenn sie nur tanzt, bekommt sie 60 Pesos, das sind knapp sechs Mark. Soviel würde sie auch als Verkäuferin im Supermarkt verdienen. Wenn ein Gast sie mitnehmen will, muß er zwanzig Mark bei Nacht und fünfzehn Mark bei Tage an die Bar zahlen. Ob sie etwas von dem Geld abbekäme? Nein, nur für den *Ladysdrink,* wenn ein Gast einen Drink spendiert.

„Meine Mutter hat mich gefragt: Was machst du in Manila? Was für einen Job hast du eigentlich? Ich sagte ihr, daß ich in einer Bar als Kellnerin arbeite, und sie glaubte das, also: kein Problem für mich. Aber wenn ich die Wahrheit sagen würde, gäbe es vermutlich großen Ärger für mich." – „Gibt es irgendeine Gesundheitskontrolle?" – „Manchmal ..." antwortet Mira sehr zögernd. Als ich sie frage, ob sie Verhütungsmittel nehme, fragt sie zurück: „Du meinst, um nicht krank zu werden?"

Vor Aids hat Mira große Angst. Wenn sie mit einem Mann geht, fragt sie ihn: „Wer war dein letztes Mädchen? Wo hast du sie getroffen? Warst du beim Arzt und hast dein Blut untersuchen lassen?" Ob die anderen Mädchen in den Bars und auf der Straße auch solche Fragen stellen würden? „Nicht alle ..." Wenn es ein netter, gutaussehender junger Mann ist, ist es ihr egal, ob er Geld hat oder nicht. „Ich sage einfach, he, nimm mich mit ... Dann unter die Dusche und ab ins Bett ... Das ist es dann."

In der alten DC 3 Richtung Laoag sitzen 20 Passagiere, der Flughafen ist frisch poliert und neu, der Jeepney-Driver fährt uns direkt ins Hotel *Texicano,* einen weitläufigen alten Bau mit gebohnerten Holztreppen und großen, atriumartigen Fluren. Für 4 Mark 50 pro Kopf und Nacht schläft man hier in breiten Ehebetten aus hellem, leicht verschossenen Nußbaum mit verspiegelter Kopfseite. Ein kleines Bad ist ebenfalls vorhanden. Das Laken ist an einer Seite ein wenig hochgeschoben und läßt den verblichenen, blumengemusterten, besonders kräftigen und festen Überzug der Matratze sehen. SONIA & JOHN ERIC ist dort mit Filzstift eingeschrieben, CARMEN UND LARRY, GEORGETTE UND PEPE WILLY.

Laoag, Ilocos Norte, weist noch ein paar Rückstände auf aus der Zeit, als Städte noch etwas anderes waren als Zentren der Verschmutzung, noch fahren ziemlich viele Pferdedroschken herum; es gibt seltsame Farben der Häuser und Innenräume wie: undefinierbares Grünlich, verstaubtes Gelb, Milchkakao. In der Ecke steht eine Musikbox, die schon mindestens 27 Jahre auf dem Buckel hat. Die Gardinen des kleinen Restaurants sehen aus wie die gerafften Unterröcke einer Midinette. Eine alte zahnlose Frau mit glatter Haut hockt zwischen zwei modernen Schönheitssalons auf der Erde und bietet Flaschen mit Pflanzen und Kräutern an, die in einer Flüssigkeit schwimmen. „What's that?" versuchen wir rauszufinden. Sie streicht sich über die Arme. Die rosamarzipanfarben geschminkte Dame vom Schönheitssalon links guckt giftig. „Witches", sagt sie, Hexen, Hexengebräu ... Im nächsten Restaurant, wo uns die Besitzer freundlich auf ein Bier hereinbitten, gibt es eine kleine politische Diskussion mit dem Ergebnis, daß eine Landreform das *insurgency-problem* lösen könne. „Die Bauern ziehen schon morgens um vier aufs Land. Wenn sie zehn Zentner Reis ernten, bekommen sie selbst nur einen." Die Chefin hat rote Augen vor Müdigkeit; tagsüber hat sie einen Schreibjob und bis nach Mitternacht das Restaurant ... Warum man die Großgrundbesitzer nicht enteigne? Das sei gegen die Verfassung, die das Eigentum schütze. Die Politik lautet also, das Land staatlicherseits zu kaufen, aber der Staat hat das Geld nicht. Wer hat es denn? Na, die Großgrundbesitzer. Und wer ist in der Regierung? Auch die Großgrundbesitzer.

Nachts um 1 Uhr 30 brauch' ich unbedingt noch was zu trinken. Der Tricycle-Fahrer sagt mir, am Busbahnhof sei was geöffnet. Hinter dem Tresen schläft die Verkäuferin auf einer abgewetzten Camping-Liege zusammen mit ihrem Kind.

Am späten Nachmittag laufen wir über den Golfplatz des ehemaligen Präsidenten Marcos. Das Gelände ist weder abgesperrt noch in irgendeiner Weise bewacht. Der Golfplatz zieht sich bis zu einem kleinen See hinunter, der wegen der Gepflegtheit des Geländes und der Berge im Hintergrund auch in Italien liegen könnte. Ein Fischer paddelt gemächlich auf seinen zusammengebundenen Bambusstämmen vorbei und zieht die Fischreusen hoch. Ich lege mein Notizbuch ins Gras und springe kopfüber in Marcos See.

Der junge Soldat auf der Terrasse des Malcañang del Norte, des Landsitzes von 'former President Marcos', erkundigt sich, ob wir übernachten wollen. Sei möglich. In den Gästezimmern.

Würden jetzt vermietet. Dreißig Mark. Die Straßen sind überall von blühenden roten und weißen Bougainvilleas gesäumt. Auf dem Heimweg lauter lachende Gesichter, winkende, vorbeifahrende Radler, kesse Zurufe aus vorbeifahrenden Jeepneys und aus den Häusern an der Straße. Aus einer kleinen, sauber gestrichenen Holzkirche ertönt lauthals der Gesang des Priesters. *Iglesia in Cristo,* die reichste Privatkirche der Philippinen. Nicht-Katholisch. Eine Konkurrenz-Kirche. Jeder Gläubige zahlt seiner Kirche angeblich jeden Tag einen Peso.

Auf den Philippinen lebten niemals mehr als 5000 Spanier – außer in der Zeit kurz vor der Revolution von 1898. „Für Spanien ... war es bei der damals so langwierigen, gefahrvollen Schiffahrt unmöglich, in den Philippinen eine starke, bewaffnete Macht zu halten. Die durch einige glänzende militärische Unternehmungen eingeleitete Unterwerfung ward wesentlich durch Mithülfe der Mönchsorden vollendet, deren Missionäre vorwiegend Klugheit und Geduld anwenden mußten. So wurden die Philippinen zum großen Teil durch Conquista pacifica gewonnen ...“, notierte der deutsche Ethnologe Dr. Feodor Jagor in seinem Buch *Reisen in den Philippinen* Mitte des letzten Jahrhunderts. Während der Gouverneur und die meisten Beamten nach zwei Jahren Kolonialdienst in ihre Heimat zurückkehrten, blieben die Geistlichen für immer. Ihnen war die Rückkehr untersagt. „Die den Eingeborenen auferlegten Abgaben waren so gering, daß sie nicht entfernt den Kolonialhaushalt deckten. Der Ausfall wurde durch jährliche Zuschüsse aus Mexiko gedeckt. An Erpressungen gewissenloser Beamten hat es freilich nicht gefehlt ... Es war ein Glück für die Eingeborenen, daß ihre Inseln keine Reichtümer an edlen Metallen und kostbaren Gewürzen besaßen. Die voluminösen Produkte des Ackerbaus konnten bei den ehemaligen Verkehrsverhältnissen keine Ausfuhren bilden; die wenigen in der Kolonie lebenden Spanier fanden im Handel zwischen China und Mexiko ... ein so bequemes Mittel zum Gelderwerb, daß sie sich fern hielten von allen wirtschaftlichen Unternehmungen, die ihren adelhochmütigen Neigungen wenig entsprachen. Obgleich die Philippinen Spanien gehören, so findet doch zwischen beiden Ländern so gut wie kein Handel statt ... und Jahrhunderte lang ... hatten sie fast keinen anderen Verkehr mit Europa als mittelbar durch die jährliche Reise der Galeere *NAO* zwischen Manila und Acapulco in Mexiko."

1869 wurde der Suezkanal eröffnet und damit der Seeweg zu den Philippinen wesentlich verkürzt. Die ökonomische Entwicklung des Landes ließ eine philippinische Mittelklasse entstehen. Die Königliche und Bischöfliche Universität von Santo Tomás wurde auch für Filipinos geöffnet. Die liberalen Ideen der europäischen Aufklärung, die Ideen Voltaires und Rousseaus wurden in spanischer Übersetzung in den Häusern der neuen philippinischen Mittelklasse gelesen. Gleichzeitig wurden die reichen Eingeborenen von den Spaniern als 'goldbehangene Tiere' mißachtet. Im Jahre 1872 wurden drei eingeborene Priester wegen 'Rebellion' verurteilt und vor den Augen einer entsetzten Menge mit dem spanischen Würgeeisen, der Garrotte, erdrosselt. Die Konsequenz dieser Bestialität war die erste landesweite Solidarisierung gegen die Kolonialmacht. Viele philippinische Intellektuelle der neuen Mittelklasse studierten jetzt in Spanien. 1887 erschien, sinnigerweise in Berlin, der Roman *Noli me tangere* von José Rizal, der die Verhältnisse auf den Philippinen mit dem Skalpell der realistischen, sozialkritischen Literatur offenlegte. Der Roman wurde sofort berühmt. Er wurde ein Symbol des Widerstandes selbst für diejenigen, die ihn nicht gelesen hatten, was die meisten waren, denn die Alphabetenrate lag am Ende der spanischen Herrschaft bei etwa fünf Prozent. Die Spanier ließen auch den Schriftsteller und Arzt José Rizal hinrichten. Er ist der berühmteste Märtyrer der philippinischen Geschichte vor Benigno Aquino, und der philippinische Nationalheld; obgleich andere sagen, diese Ehre würde eigentlich Andres Bonifacio gebühren, der 1892 die plebejische *Katipunan*-Bewegung gründete und den bewaffneten Widerstand gegen die Kolonialmacht ins Leben rief.

Im Juni 1898 war praktisch ganz Luzon, die Hauptinsel der Philippinen, mit Ausnahme von Manila und dem Hafen Cavite, in der Hand der aufständischen Filipinos unter ihrem ingeniösen General Aquinaldo. Schon einen Monat zuvor, am 1. Mai 1898, hatte der amerikanische Admiral Dewey bei einem nächtlichen Überraschungsangriff in der Bucht von Manila die spanische *Flotilla* ausgeschaltet. Waren die Amerikaner als Verbündete der philippinischen Freiheitskämpfer gegen die spanische Kolonialmacht angetreten, so zeigte sich jedoch bald, daß ihr Ziel nicht etwa die Unabhängigkeit des Archipels war. Die Yankees verhielten sich vielmehr wie Geschäftsleute. Sie kauften die Philippinen. Das wurde im Vertrag von Paris zwischen den USA und Spanien am 1. Dezember 1898 festgeschrieben. Für 20 Millionen Dollar gingen die Hoheitsrechte über das philippinische Inselreich an Washington über. Präsident McKinley schickte den Filipinos ein Dekret 'wohlwollender Assimilation' und entsandte wohlausgerüstete Truppen in großer Zahl ins Land. Drei Jahre lang, bis zum Jahr 1902, wehrten sich die Philippiner gegen die waffentechnisch überlegenen Amerikaner, dann war 'Ruhe und Ordnung' hergestellt. Viele GIs wechselten den Job. Sie wurden Lehrer. Am Ende der spanischen Zeit 1898 hatte die Alphabetenrate etwa fünf Prozent betragen, 1918 erreichte sie fünfzig Prozent.

Manila ist in der gleichen Weise das Zentrum der Philippinen, wie Paris das Zentrum Frankreichs ist. Alles ist in Manila konzentriert: die Kultur, die Politik und das Geld. Makati, Fourbes-Park sind das Geld, Tondo ist die Armut und Quezon City mit seinen Zeitungen, Verlagen und der *Juppi,* der 'University of the Philippines' ist der Geist. Manila hat hervorragende Zeitungen wie *Manila Times,* wie *The Philippine Star* mit dem optimistischen Leitspruch „truth shall prevail" (Wahrheit wird sich durchsetzen) oder den *Philippine Daily Inquirer.* Ich lese meistens *Manila Times* beim Frühstück, weil der bekannteste Schriftsteller des Landes, Nick Joaquin, eine tägliche Kolumne in dieser Zeitung hat; auch die anderen Blätter haben drei bis sieben Kolumnen mit persönlichen, oft aphoristischen und frechen Bemerkungen, hauptsächlich zur Politik. Wenn Cory Aquino eins bewirkt oder zugelassen hat, so ist es ein frischer geistig-intellektueller Wind.

Der Aufmacher, das Thema Nr. 1, sind jeden Tag die Rebellen. Die NPA (New Peoples Army) führt seit achtzehn Jahren einen Krieg gegen Polizei und Militär. Privatpersonen oder gar Touristen sollen aus diesem Krieg herausgehalten werden. Deshalb kann man auch ohne Gefahr (von Mindanao vielleicht abgesehen, wo ich nicht war) auf den Philippinen reisen, ja, ich habe selten ein Land gesehen, wo das Militär weniger in Erscheinung tritt.

Die NPA gibt eine Pressekonferenz „irgendwo in Manila". Die 'Leader' Emil Trinidad und Sergio Romero tragen Baseball-Kappen und Sonnenbrillen. Sie sind Anfang dreißig und sehen gesund aus. Sie nehmen Abstand von Handlungsweisen wie „Bankraub, Brandstiftung, Bombenlegen, Raub, Diebstahl und Kidnapping – die das Leben unschuldiger Zivilisten gefährden und keinen klaren politischen oder militärischen Wert besitzen". „Zielscheiben" sind ausschließlich die Polizeioffiziere und Leute, die nach klarer Beweislage eine Blutschuld gegen die Menschen und grobe Verletzungen der Menschenrechte auf sich geladen haben. Von 1984 bis 1987 wurden in Metro Manila von der NPA 33 Polizeioffiziere durch gezielte Schüsse in den Kopf oder in die Brust getötet; die Begründungen lauten im einzelnen: Schlüsselperson im landesweiten anti-aufständischen Psy-Kriegs-Programm, tollwütiges Werkzeug kapitalistischer Streikbrecher, verantwortlich für den Tod von drei Fabrikarbeitern, fädelte Denunzianten und Spione in die Gemeinden des städtischen Armenviertels *Tondo* ein, protegierte Drogenhändler, vergewaltigte vierzehnjähriges Mädchen, für willkürliche Hinrichtungen verantwortlich, schoß immer, wenn er betrunken war, mit seinem Revolver um sich.

Wer einmal mit dem Bus durch das Hochland von Zentral-Luzon gefahren ist, sieht, daß das 'insurgency-problem' mit militärischen Mitteln nicht zu lösen ist. Die absolute Unzugänglichkeit des Geländes, des Waldes und der Berge machen jeden Sieg unmöglich, wieviele Kampfhubschrauber Corazon Aquino von den USA auch fordern mag. Im Grunde ist der Kampf auf den Philippinen ein verspäteter Bauernkrieg, gesteigert durch die Rechtlosigkeit der Arbeiter, durch permanente Verletzung der Menschenrechte seitens der jeweils Herrschenden. Der frühere Präsident Ferdinand Marcos ist 1965 mit demselben Landreformprogramm angetreten wie Aquino. Die Guerilla hat eine sehr alte Tradition: gegen Spanier, Amerikaner, Japaner und gegen die eigene gierige, korrupte Regierung. (Die Philippinen sind nach Brasilien, Argentinien und Mexiko das westlichen Banken gegenüber höchstverschuldete Land der Erde.) Am 8. Februar 1987 erließ Präsidentin Aquino ein Amnestie-Angebot an die Rebellen. Wer seine Waffen übergebe, werde straflos ausgehen. 1948 proklamierte der damalige Präsident Quirino eine totale Amnestie für alle HUK-Bauernrebellen, die innerhalb von 50 Tagen die Waffen niederlegen würden. 1896 erließ der spanische General-Gouverneur Ramon Blanco ein Dekret, daß alle plebejischen Katipunan-Rebellen nicht vor ein Kriegsgericht gestellt würden. Das Angebot des Verzeihens ist genauso alt wie der Hunger der Entrechteten, der bei aller Bescheidenheit und Freundlichkeit des 'philippinischen Nationalcharakters' den Griff zur Waffe logischer macht als ein Geschäft anderer Art und ein Leben in Frieden und Geduld.

Zur Beachtung. An unsere verehrte Kundschaft. Revolver und andere tödliche Waffen sind innerhalb des Theaters streng untersagt. Bitte deponieren Sie Ihre Feuerwaffen beim diensttuenden Chefsicherheitsoffizier. DANKE: heißt es auf einem Hinweisschild über dem Eingang eines besseren Nachtclubs in Manila.

Auf der Polizeistation Nr. 5 sitzt Capt. Rudy Esquita unter dem Ventilator vor seiner alten Schreibmaschine und verfaßt das Protokoll über meine verschwundenen 500 US-Dollar. „Manchmal müssen wir uns selbst unsere Farbbänder für die Schreibmaschine kaufen", meint er und wischt sich den Schweiß von der Stirn. Die Beschuldigte, Miss Flor, scherzt auf Tagalog mit einem der Offiziere. Rudy Esquita arbeitet hart an seinen sorgfältig formulierten Protokollen. Ich hatte mein Geld vor einer Fahrt in die Berge, wo es angeblich Überfälle geben sollte, aus Sicherheitsgründen im Hotelsafe deponiert, und aus eben demselben ist es spurlos verschwunden. Peggy Lita, die Managerin dieses feinen und ehrenwerten Hotels, ein fettes Weib, das auf Spanierin macht, den ganzen Tag herumsitzt und mit mürrischem Blick durch ihre Gäste hindurchsieht, lehnt die Verantwortung schlankweg ab. Sie habe das Geld nie erhalten, nie gesehen. Ich habe es Flor gegeben, ihrer Angestellten; die sei verantwortlich.

Polizeiwache 5, Ermita, United Nations. Der kaugummikauende Zivilpolizist trägt eine verspiegelte Sonnenbrille, ein Nike-Turnhemd, und in dem Gürtel seiner Jeans steckt eine Kanone. Etwa vierzig Mann sind in der Zelle eingesperrt. In der Zelle gibt es kein einziges Möbelstück. Die Männer, die meisten in Shorts und mit nacktem Oberkörper, drängen sich an die Stäbe. „Wir haben hier jede Sorte“, sagt der Polizist kauend, „das ist ’n Messerheld, das ist ’n Dealer und der hier vorn hat einen umgebracht. Er war betrunken. Er arbeitet in North Harbour.“ Der Mann stiert mich unter dem Schirm seiner Mütze hervor an. Er sieht ziemlich unschuldig aus. Der Gras-Dealer schimpft auf die Philippinen, sie seien ein „fucking country“, er war in den Niederlanden, die stellen sich nicht so an wegen ein bißchen Gras. Der kleine Mann neben ihm erzählt mit traurigem Gesicht, daß er aus Dumaguete/Negros gekommen sei, auf einem Schiff gearbeitet und abgemustert habe, um sich in Manila einen Job zu suchen, dann habe man ihn aufgegriffen und so weiter. Ich verstehe seine Geschichte nicht ganz. Der Mann weint. Er schiebt mir die Adresse eines Mädchens durch die Stäbe, das ich benachrichtigen soll. Ein Stück weiter hinten steht einer, der einen Kopf größer ist als die anderen, noch sehr jung, und er sieht mich mit einem Ausdruck an, der verrät, daß ihm keiner was anhaben kann. Die Zelle kann ihm nichts anhaben, sie berührt ihn nicht, er steht weit über solchen Dingen. Sein Haar ist naß und nach hinten gestrichen. Er hat ein fast unmerkliches Lächeln auf dem Gesicht. Der Junge sieht mich an, ohne etwas zu sagen. Er wirkt vollkommen ruhig und gelassen, schön, souverän und gefährlich.

Nach einiger Zeit taucht die mehrköpfige Familie der Beschuldigten auf der Wache auf. Die einzige, die sich nicht auf der Wache blicken läßt, ist Peggy Lita, die zwielichtige Hotelmanagerin. Ein Polizist, Capt. Monzon, erklärt mir, die einzige Handhabe gegen das Hotel sei, wenn Flor sofort verhaftet würde. Es sei Sache des Friedensrichters, das zu entscheiden. Ich solle bloß nicht auf den *softtalk* ihrer Mutter, ihrer Brüder hören. – Der Friedensrichter sitzt in seinem kahlen Raum, liest die Protokolle, stellt mir ein paar nebensächliche Fragen. Flor verweigert jede Aussage. Der Friedensrichter fordert mich auf, den Raum zu verlassen. – Am Morgen danach sitzt das Mädchen wieder an der Rezeption, als sei nichts geschehen. Mein Fall ist in dem Dschungel komplizierter Rechtswege verschwunden, die zu beschreiten ich kaum die Zeit haben würde.

Manila, Stadtteil Quiapo, warme, stickige Luft; mehr Auspuffgase als Luft. Die Leute pressen Taschentücher vor die Nase. Horror-, Kriegs- und Gangsterfilme auf haushohen Reklametafeln. Schmutzige Betonlandschaft. Stinkende Gullys. In der Seitenstraße modert ein Müllhaufen. Verfallene Holzbauten. Ruß bleibt in den Augenwinkeln hängen.

Ein kleiner, schmutziger Bettlerjunge läuft mit aufgesperrter Kralle neben mir her. Ich bin nicht gewillt, etwas zu geben, aber er läßt sich nicht abschütteln. Ich fühle plötzlich eine Hand, die in meine Hosentasche gleitet.

Jeepney-Hatz in Fünferreihen; vorwärts hetzende Masse in einzelnen kleinen Gruppen. Der Jeepney ist eigentlich ein Familienfahrzeug, das Fahrzeug der großen Familie. Auf eine Untergrundbahn wird Manila ewig warten, denn ein Teil der Stadt liegt auf Schwemmland unterhalb des Meeresspiegels. Der Transport mit Jeepneys ist außerdem ungeheuer effektiv. Man wartet selten länger als dreißig Sekunden. Die Fahrer aber atmen mehr Smog ein als Bergleute Kohlenstaub.

Der Taxifahrer bietet an: Marihuana. How much? Only forty. Girls, first, second, third category ... Ein Mädchen mit goldenen Schuhen und goldenem Rock tritt aus dem Portal der Klosterschule. Ich bin mit Sister Mary John verabredet. Sie hat in Deutschland bei Karl Rahner studiert. Sie lädt mich in ihr Haus nach Fourbes-Park ein. „Wissen Sie, wem das große Haus da an der Ecke gehört? Der Geliebten des Generals Ver.“ Ver ist der Mann, der unter dem früheren Präsidenten Ferdinand Marcos vom Chauffeur zum Armeechef befördert wurde.

Vorbei an dem Westpointgeneral Fidel Ramos und an Enrile, dem Verteidigungsminister. Wir sitzen hinter dem Haus und reden über Politik. „Ver soll zusammen mit Imielda Marcos auch den Mord an Benigo Aquino angezettelt haben. Imielda, die jeden Tag im Fernsehen sprach, war danach vierzehn Tage lang nicht zu sehen. Ihr Mann soll ihr ein blaues Auge verpaßt haben.“

„Stimmt es, daß ganz Makati (das Bankenviertel, gleich neben Fourbes-Park, sieht aus wie New York City) einem einzigen Mann gehört?“

„Ja, Ayala. Er fliegt jeden Abend um Punkt sechs mit vier Hubschraubern – niemand weiß, in welchem er sitzt – zum Dinieren ein, landet auf dem Dach des Manila Plaza oder auf einem anderen Hochhaus. Nach dem Essen fliegt er wieder auf seine Insel zurück, wo er seine Hacienda hat.“

Sie wechselt das Thema. „Wir geben fünfzig Prozent unseres Bruttosozialprodukts für die Rückerstattung von Schulden aus, die uns vom Internationalen Währungsfond aufgedrängt worden sind. Wir werden eines Tages die *rural area* der Welt sein und es ist ja bekannt, wie arm die Länder sind, die nur Landwirtschaft zu bieten haben. Japan, Hongkong, Taiwan, Süd-Korea, Singapur – alle haben uns überholt. Die Multis bringen nicht mal ihr eigenes Geld mit, und sie exportieren die Gewinne. Viele unserer Probleme kommen von der Überbevölkerung. Wir bringen zuviele Menschen hervor. Wir haben keine Arbeit für sie.“ Sister Mary John ist als katholische Ordensschwester *für* die Geburtenkontrolle. Im Augenblick gibt es ungefähr sechzig Millionen Filipinos, aber die Hochrechnungen sagen über hundert Millionen für kurz nach der Jahrtausendwende voraus. Auf Palawan, um nur ein Beispiel zu nennen, war 1984 42 % der Bevölkerung unter 14 Jahren alt; die durchschnittliche Kinderzahl pro Familie lag je nach Gegend zwischen 6,4 und 9,6 ... Cory, sagt Sister Mary John, habe keine entscheidende Wende gebracht. „Sie war im Malacañang Palast, als auf die demonstrierenden Bauern geschossen wurde, und sie hat sich geweigert, mit deren Vertretern zu sprechen.“ In der Zeitung heißt das: *The failure of the Aquino administration to solve the rebellion problem.* „Sie ist selber Großgrundbesitzerin. Sie hat zehntausend Hektar. Und sie wird das Land ja nicht an die Bauern verteilen, oder?“

Fourbes-Park ist das Viertel der Reichen; schattige Alleen und Villen hinter hohen Mauern. Am nächsten Abend hat Sister Mary John mich zum Abendessen eingeladen. Ich sitze zwischen einem Mann aus der politischen Abteilung der US-Embassy und seiner Frau; sie ist Kultur-Attaché. Sie war in Madagaskar. Sie war in Kamerun. Sie ist allein durch Afrika gereist. Sie bringt mich am nächsten Tag mit einer philippinischen Schriftstellerin zusammen, die anti-amerikanische Romane schreibt. Das Dinner wird auf einem gläsernen Tisch serviert. Gegenüber zwei Deutsche von der ‘Gesellschaft für technische Zusammenarbeit’; sie haben die Gesichter altgewordener kleiner Jungs. Ich bin ein ‘Journalist from West-German-Radio’. Ein dritter Deutscher ist von der *Asean Development Bank.* Er fragt den Amerikaner neben sich, ob er wüßte, warum in Texas und Arizona deutsche Soldaten stationiert seien? Der Amerikaner weiß es nicht. „Um euch gegen die Mexikaner zu schützen“, sagt der Deutsche. Der Amerikaner findet den Witz nicht witzig. Das Essen wird übrigens für einen Mann von der ‘New Zealand Embassy’ gegeben; er hat Geld für ein Projekt in Tondo locker gemacht; der von der Asean Development Bank fährt tatsächlich eines dieser Fahrzeuge aus Untertürkheim, die auf den Philippinen ein Vermögen kosten; ich weiß aus einer jener Quellen wohlunterrichteter Geschwätzigkeit, daß die Bänker ihre Autos unversteuert einführen können und mit saftigem Gewinn weiterverkaufen.

Tondo ist der größte, berüchtigste und berühmteste Slum Manilas. In Manila sind 50 % der Bewohner *squatter,* was bedeutet: ‘Siedler ohne Rechtstitel’, Bewohner selbstgezimmerter Blech- und Bretterhütten, obgleich diese Zahl, wie die meisten anderen auch mit einem ‘vielleicht’ oder ‘angeblich’ versehen werden muß, denn genaue Zahlen sind kaum zu erfahren. Ich bin nicht besonders neugierig gewesen, Tondo kennenzulernen. „Kein Platz im ganzen Land ist so andächtig studiert, begutachtet, vermessen und in Seminaren diskutiert worden wie dieser“, schreibt der philippinische Schriftsteller F. Sionil José in seinem Roman *Mass* und er fügt hinzu: „Sie kamen alle, diese wohlmeinenden Soziologen, diese Ausländer auf Slum-Tour, vielleicht weil sie darauf aus waren, ihr gepeinigtes Gewissen ein bißchen zu beruhigen, vielleicht um die Tore unserer Hölle ein wenig aufzustoßen und uns in ihrem Paradies willkommen zu heißen, indem sie uns ‘studierten’. Aber sie erreichten niemals den Kern, das Innerste, das Herz, denn es liegt jenseits ihrer Wahrnehmung, weil sie hier nicht leben, weil sie nicht arm sind, weil sie wieder gehen können“. (Insofern hat auch der Steinmetz recht, den ich auf dem chinesischen Friedhof getroffen habe, mit seiner Bemerkung: „Tondo, forget it!“) Aber jetzt sitze ich zu einem kleinen Besuch im Fond des klimatisierten Dienstwagens der Botschaft von Neu-Seeland – für diese Tour ohne Standarte. Meine beiden aufgeräumten Wohltäter unterhalten sich über den Wochenendausflug nach Boracay und den nächsten Trip nach Europa. Dann laufe ich hinter den beiden in die immer enger werdende und von mehr und mehr kartenspielendem und guckendem Volk gesäumte Gasse hinein, steige über offene Abwasserkanäle, vorbei an stinkenden Schweinekoben inmitten des Hüttenlabyrinths, in dem wir uns manchmal gebückt vorwärts bewegen, bis wir zu einer kleinen Terrasse kommen, wo wir uns alle setzen und auf der Stelle mit eiskalter Coca-Cola bewirtet werden. Sister Mary John erklärt die Einzelheiten ihrer geplanten Nähmaschinen-Kooperative. Wieder einmal zeigt sich die Vorliebe des Vatikans für Bankgeschäfte, denn das Startkapital wird den Armen geliehen – für einen Zins allerdings, der so niedrig ist, daß er nur von barmherziger Nächstenliebe diktiert worden sein kann.

In einer winzigen Kapelle sitzen Männer vor aufgeschlagenen Büchern und singen. Die Bücher enthalten ein Passionsspiel. Das Leben Jesu. Sie werden drei Tage und drei Nächte ohne Unterbrechung singen.

Die Südspitze der 400 km langen, schmalen Insel Palawan liegt kaum 200 km nördlich von Borneo. Palawan gilt zu recht als der unberührteste Teil der Philippinen. Die Experten streiten, ob noch 70, 50 oder nur 30 Prozent der Insel mit Urwald bedeckt sind. Nirgends gibt es so reiche Fischgründe. Die Hauptstadt Palawans hat den hübschen Namen Puerto Princesa. Im Hotel treffe ich Jack. Er ist aus Florida. Jack hat Schlangen in der Dusche. Natürlich in Formalin. Er sammelt Schnecken. Die meisten davon wird's in zehn Jahren nicht mehr geben. Für ewig verloren.

„An einigen Stellen ist das Gebirge so schroff, daß der Urwald bis auf 200 Meter runterkommt, aber im allgemeinen gibt es unter 500 Meter überhaupt keinen Urwald mehr. Fast alles, was man sehen kann, ist sekundäre Bewaldung, nachgewachsen, nachdem man das profitable Holz herausgeschlagen und nach Japan exportiert hat. Im Urwald gibt es 200 verschiedene Baumsorten, im nachwachsenden Wald vielleicht noch 20. Die Japaner haben auch eine besonders hübsche Art des Fischfangs entwickelt. Sie ziehen eine schwere Eisenkette über die Korallenriffe, das treibt die Fische auf der anderen Seite in die Netze. Die Riffe werden ruiniert. Sie wachsen sehr, sehr langsam. Im Jahr vielleicht einen halben Zentimeter."

„Der Norden wird sich atomar ausrotten."

„Ist zu vermuten", meint Jack.

Ich habe einen Frontsitz im Bus erwischt. Die Straßen sind noch nicht asphaltiert. Auf dem Busdach sitzen fast nochmal soviel Leute wie im Inneren. Der griesgrämig ausschauende Weiße in Kniehosen und Schlapphut entpuppt sich als Schmetterlingsjäger. Er ist Anästhesist aus Köln. Er hat 'ne Tussi in Port Barton. So'n Landmädel. Sie hat zu nichts Lust. Sie mag kein gutes Essen. Sie will nur ihren Pamps. Sie will nirgends hin. Sie will nur in der Hütte sitzen. Sie fegt. Sie wäscht ihm die Wäsche. Er ist jetzt zum dritten Mal auf den Philippinen und zum dritten Mal mit ihr zusammen. Beim Spazierengehen trottet sie apathisch hinter ihm her.

„Du benutzt sie doch nur“, sag’ ich. „Sie will mehr, sie will eine Bindung.“

„Ich kauf’ doch keine Kuh”, sagt er, „wenn ich ein bißchen Milch will.“

Er hofft, einen Schmetterling zu fangen, der noch in keinem Buch aufgeführt ist, und der dann seinen Namen kriegt.

Nach El Nido gibt es keine Straße. Man hat versucht, eine zu bauen, aber sie ist wieder zusammengefallen. El Nido gilt als der schönste Ort auf Palawan. Das Dorf liegt wie ein Nest in einer von schroffen Felsen umrahmten Bucht. Die Felsen sind Kliffs, die ehemals unter Wasser lagen und sich vor Urzeiten gehoben haben. Saulus hat vier Berufe. Er ist Schneider, Farmer, Fischer und – Tourist-Guide. Er hat uns in achtstündiger Fahrt mit seinem Auslegerboot nach El Nido hochgebracht. Wir machen tagsüber *island-hopping*. Er zeigt uns die Stellen, die gut zum Schnorcheln sind. Die meisten Inseln sind unbewohnt. Felsen, Strand und ein paar Bäume. Sie gehören einem gewissen Ten Knots, wie auf Schildern zu lesen ist. In Port Barton soll es einen gewissen Alvarez geben, der vierhundert Mann unter Waffen hält. Der Ausblick über das Meer und die schroff aufragenden Felsen ist wild. Die Sonne macht einen auf die Dauer schwindelig.

Saulus sagt, er wäre gern Anwalt geworden, aber in seiner Familie sei kein Geld gewesen. „Wenn ich Anwalt geworden wäre, hätte ich Bürgermeister, Governor, Congressman, Senator und Präsident werden können!“

„Stimmt es, daß die Stimmen bei der Wahl gekauft werden?“

„In Samar war es so ... Ich bin aus Samar, nicht von Palawan ... Also dort bezahlt jeder Kandidat 200 Peso für die Stimme. Dann kommt ein zweiter Kandidat und gibt wieder 200 und – may be – ein dritter.“ Saulus grinst. „Ich nehme das Geld von allen und wähle keinen – may be!“

Das Hotel in El Nido wird von Mr. Sokrates geführt. Sokrates zeigt uns das Restaurant. Mr. Austria, der Besitzer, hat in der amerikanischen Armee gedient, drüben in den Staaten, und er hat einen schrecklichen, gurgelnden rollenden Akzent davongetragen. Mr. Austria ist entschieden etwas zuviel in der Welt herumgekommen, um seine Tage in Ruhe in einem abgelegenen Nest wie El Nido zu beenden. Während die Gäste im erleuchteten Geviert speisen, läuft er mit einer riesigen Stabtaschenlampe unter dem Arm wie ein Geist im dunklen Garten umher oder setzt sich mit dem Rücken zu uns gegen den Zaun. Unvermittelt greift er zu einem kleinen Exkurs in die Unterhaltung ein. „I tell you people, I'm a scientist", sagt er mit schrecklichem Akzent, „people lived here threethousand years ago in the caverns ... I know the secrets of El Nido ...!!" Er ist Archäologe, Biologe, Paläontologe, Historiker, Arzt, Physiker, Mathematiker, Geologe und Computerfachmann. Vor allen Dingen will er, daß wir es nett haben in seinem Restaurant, daß wir uns wohlfühlen, er mache es nicht für Geld, meint er väterlich und gibt uns eine Flasche Rum aus. Seine aus dem Dunkel des Gartens vorgetragenen Exkurse nehmen manchmal eine befremdliche Richtung. Sie setzen bei einer Bemerkung an, die er aufgeschnappt hat und entwickeln sich in irren Kreisbahnen weiter wie die Insekten, die in Todesflügen um die Neonröhre sausen. Wie ein Schiff in den Wogen versinken seine Worte in seinem rollenden, amerikanischen Akzent. „I talk to you people", sagt er, „I talk a lot, but don't laugh at me!" Er gefällt mir gut, dieser Mr. Austria, wäre er bloß nicht darauf versessen, uns zu vermitteln, was er alles weiß.

„Kennen Sie Sokrates?" frage ich ihn.

„Ich kenne ihn. Er ist der Hotelbesitzer."

Die See ist grün. Von der Küste bis hinauf in die Berge überall Wald. So hat vielleicht Griechenland zur Zeit der Römer ausgesehen; oder die Côte d'Azur, als sie noch vierzehn Tage Kutsche von Paris entfernt war. Die Zunge ist plötzlich schwer und versagt sich den Worten. Im Kopf ist ein Drehen, ein Schwindelgefühl, das aber nichts von Krankheit hat. Der Hauch des Großartigen ist natürlich immer spürbarer und näher, wenn „etwas mit einem geschieht", als wenn man nur „etwas tut". Ich bin zurück in Port Barton, ich labe mich an lobster und shrimps, aber ich kann nicht sprechen, selbst wenn ich wollte! Das Alphabet der Natur hat mir unmerklich meine persönlichen Schnappschüsse entwendet. Das Grün der See, Weiß des Sandes, die bedrohliche Mittagshitze, das nutzlose Grau der Felsen ...

Manila erwartet mich mit seinem Glanz, seiner warmen Abendluft, seiner quirligen Aktivität, seinen grünen und roten Neonschriften auf dem Roxas Boulevard ... Es ist so, wie mir die Verlegerin Mrs. Rodriguez bei einem Interview gesagt hat: „This country is in a way unstable, but there is always something to report about!“ Die Zustände in dem Land sind labil, aber sie halten einen in Atem. Selten habe ich irgendwo soviele neugierige, offene, freundliche, heitere Leute getroffen. Ob ich nun beschenkt oder bestohlen worden bin, ich fühle mich lebendig. Ich will dem Wunsch *COME AGAIN* deshalb gern nachkommen, wenn es sich eines Tages machen läßt ...

Optimistische Massen

Eindrücke aus Südkorea

Frankfurt – Anchorage 7293 km.
Anchorage – Seoul 6852 km.

Die Entfernung ist die reinste Fiktion. Das Flugzeug ist der Nicht-Raum, gefüllt mit dem Nicht-Ereignis. Also kein Problem, sich die Distanz zwischen den Orten wegzudenken. An Bord werden immer diese Nicht-Filme gezeigt, die allen gefallen sollen, also keinem gefallen.

Das soll eine Zehnmillionenstadt sein? Nichts von der überquellenden Menschenfülle asiatischer Metropolen. Huschende Gestalten im Anzug, aber schon an der ersten Ecke sehe ich bei meinem Gang aus dem Hotel einen Betrunkenen, der an der Palastmauer seinen Magen erleichtert, und ein Stück weiter die von einem Schlichter mühsam unterbundene Prügelei zweier Männer.

In der City sind ausschließlich junge Leute unterwegs. Die Straßen lassen sich nur unterqueren. Alte Menschen könnten das strapaziöse Treppensteigen gar nicht schaffen. (Wenn ich eine Stadt zu bauen hätte, würde ich die Autos unter die Erde tun und die Fußgänger ans Licht.)

Der Won gegenüber dem Dollar um 8,7 % gestiegen.
Februar-Exportrate übertrifft Hongkong und Singapur,
bleibt jedoch hinter Taiwan.
Präsident Roh Tae Woh betont, daß Süd-Korea
das einzige Land auf der Welt ist, daß seine
Auslandsverschuldung abbaut.

Korea Times, 26. März: „27 Jahre lang haben wir fast ohne Unterbrechung unter Regierungen gelebt, die, wie jeder weiß (wenn man es auch nur unter größten Gefahren laut äußern durfte), Diktaturen von Gnaden des Militärs waren. Viele sagen, daß sich diese Diktaturen aufgrund ihres wirtschaftlichen Erfolges trotz der offensichtlichen Mißachtung der Menschenrechte rechtfertigen ließen. Wir haben in den vergangenen beiden Jahrzehnten immer wieder gehört, daß Korea nur dank der strengen Führerschaft der Generäle und insbesondere des früheren Präsidenten Park sein Wirtschaftswunder vollbringen konnte. Wir alle werden nie erfahren, was die Koreaner ohne Diktatur in den letzten dreißig Jahren hätten erreichen können, doch wir können uns sehr gut vorstellen, daß mehr Freiheit mehr Energie und Kreativität hätte bedeuten können. Antriebe für eine noch dramatischere Renaissance."

Das Fahrstuhlmädchen in lila Uniform und schwarzem Tellerhut lächelt nicht. Hätte ihr Gesicht eine Regung gezeigt, wäre es sicher ein Formvergehen gewesen.

Für einen Moment verwechsele ich den unbeweglichen Verkäufer im Herrenmodengeschäft mit einer Schaufensterpuppe.

Die U-Bahn ist abends gegen neun so voll schwarzer Köpfe wie bei uns allenfalls auf dem Weg zu einem Fußballspiel von Bayern München.

Morgens um 5 vor 8 das Taptap der schnellen Schritte von Leuten auf dem Weg zur Arbeit und leise Rod-Stewart-Musik aus den Deckenlautsprechern in dieser unterirdischen Passage.

Ein kleiner Junge von vielleicht drei Jahren fällt auf die Steinplatten, aber er denkt nicht daran zu weinen.

Korea hat fast drei Jahrzehnte Diktatur hinter sich. 1960 putschte sich der General Park an die Macht. Noch unter japanischer Herrschaft hatte Park 1945 die Militärakademie in Tokio abgeschlossen. Park war ein Bauernsohn, ein Mann von eiserner Disziplin, der an die Effizienz nur einer Ordnung glaubte:

autoritärer Hierarchie. Park war nicht gut auf die Mitglieder der traditionellen Oberschicht zu sprechen, die „nur herumsitzen, gelehrte Gespräche führen, ihre wundervollen Stammbäume rühmen und an ihren Bärten zupfen". An seinen übrigen Landsleuten geißelte er den mangelnden Unternehmungsgeist, das Nicht-weiter-als-bis-heute-Denken und die mangelnde Arbeitsmoral. Heute hat sich das grundlegend geändert. Die Koreaner arbeiten mehr als alle anderen Völker der Erde, im Durchschnitt 54 Stunden in der Woche. Selbst in der Provinz haben die Kaufhäuser bis 21 Uhr 30 geöffnet und der kleine Laden an der Ecke, wo ich mein Bier hole, schließt nach Mitternacht. Der Wirtschaftsaufschwung Koreas wurde von der Militärjunta mit Hilfe von Absolventen amerikanischer Elite-Universitäten generalstabsmäßig geplant. Zuerst wurde die Leicht-Industrie ausgebaut: Bekleidung (begrenzter Kapitaleinsatz, viele Arbeitsplätze), dann die Stahl- und Chemie-Industrie. Bei allem spielte die „Trumpfkarte einer zunehmend besser ausgebildeten Arbeiterschaft mit, die sich aufgrund des Überangebots an Arbeitskräften und der Einschränkung gewerkschaftlicher Aktivitäten mit Niedrigstlöhnen zufriedengeben mußte". Danach die Schwer-Industrie: Schiffe, Maschinen, Automobile, sowie High-Tech und Gen-Technologie.

Ich lese, daß es 150 km südlich von Seoul eine „Technopolis" gibt. Die Forschungsstadt Taedok, in der 50.000 Menschen leben, die ausschließlich mit Forschung und Entwicklung neuer Techniken beschäftigt sind. Leider komme ich nicht dazu, sie zu besuchen. Korea vollzog die Entwicklung der alten Industrienation sozusagen im Zeitraffertempo. 1970 exportierte es für 800 Millionen US-Dollar, 1985 für 35 Milliarden. Seoul wirkt wie Manhattan mit einem Hauch Madrid in den letzten Tagen Francos. Kaum Ausländer. Alle Welt ist 'dressed-up'. Vor dem Krieg lebten 80 % der Bevölkerung auf dem Land und von der Landwirtschaft, heute sind es nur noch 28 %. Der Aufschwung wurde hauptsächlich mit japanischem Kapital finanziert; dreiviertel der koreanischen Auslandsverschuldung besteht Japan gegenüber. Park setzte seine erfolgreiche Wirtschaftspolitik mit Hilfe von Kriegsrecht, Zensur, Verhaftungen von politischen Gegnern durch. Zum Beispiel mußte er die Versöhnung mit Japan, der ehemaligen Kolonialmacht (1910–45), bei seinen Landsleuten mit Hilfe des Kriegsrechts erzwingen. Er behielt auch die von den Japanern in Korea aufgebauten Geheimdienste bei. 1979 wurde Park von seinem eigenen Geheimdienst-Chef ermordet.

Regierung kündigt Schritte an, um das
Kwangju-Trauma zu heilen.
Asiaten leben am längsten.
Die Wachstumsrate der Wirtschaft betrug 1986 12,3 Prozent,
1987 12,2 Prozent.

Die vielzitierten Kwangju-Ereignisse fallen in den kurzen politischen Frühling nach der Ermordung des Präsidenten Park. Kwangju ist die Hauptstadt der Süd-Provinz Chollado, aus der der berühmteste Oppositionspolitiker Kim Daejung stammt. Im Mai 1980 (zwanzig Jahre nachdem der erste Diktator Süd-Koreas Rhee Sungman 1960 nach Massendemonstrationen hatte gehen müssen) demonstrierten Studenten in Kwangju. 1000 Fallschirmjäger sollten für Ruhe und Ordnung sorgen und schossen in die Menge ... Die Bürger solidarisierten sich mit den Studenten und vertrieben die Armee aus der Stadt. Zehn Tage lang herrschten Anarchie, Freiheit, Zerstörung, Hoffnung. *Korea Time,* 25. März 1988: „Es wird eine Neu-Definition des Vorfalls geben. Bisher wurde er ein *regierungsfeindlicher Krawall* genannt. Der neubegründete *Ausschuß für Demokratisierung und Versöhnung* empfiehlt, von jetzt an von einem *movement for democratization,* einer Bewegung zur Herstellung von Demokratie, zu sprechen."

Solche 'Neu-Definitionen' sind äußerst wichtig. Die koreanische Gesellschaft steht allem Anschein nach unter Hochspannung. Das so friedliche, freundliche, stilvolle, höfliche Außen mag da sehr täuschen. Der Leistungsdruck ist ungeheuer, die Disziplin unglaublich, die Ventile nicht sehr zahlreich. Und diejenigen, die erstmal mit 'westlichen' Ideen und neuzeitlichem Konsum in Berührung gekommen sind, werden kaum bescheiden bleiben können.

Ich habe ein Zimmer im koreanischen Stil gemietet. Die Matratze liegt auf dem Fußboden. Alles ist in Fußbodennähe: die kleinen, zarten Möbel, die Sitzkissen. Die Fußbodenheizung *(Ondol)* unter dem gelben Ölpapierfußboden ermöglicht nachts tröstliches Barfußgehen.

Korea hat die „erzogene“, feinsinnige Zurückhaltung der kühlen Länder. (Manchmal empfinde ich schmerzlich das Fehlen der „afrikanischen Seele“, die ständig außen auf der Haut getragen wird.) Dies ist eine Gesellschaft der Beherrschung und Selbstbeherrschung, der Disziplin. Konfuzius: „Grenzlinien erst schaffen uns Ruhe, ob wir forschen, Gegebenes schrittweise erkennen, ob wir spielen, nachdem wir uns auf die Spielregeln geeinigt haben. Immer genießen wir die Ruhe, die gesetzte Linien uns geben!“ Ich lese die Sätze des Konfuzius bzw. seiner Nachfolger (denn wie Sokrates hat Konfuzius selbst nichts aufgeschrieben). „Im Verlauf des menschlichen Lebens geht es so zu: Wenn die Menschen satt zu essen und warme Kleidung haben und bequem wohnen, aber nicht belehrt werden, dann nähern sie sich in ihrem Wesen dem Getier.“ Im Großen und Ganzen geht es bei Konfuzius darum, die Spielregeln zu erkennen und sich an sie zu halten. „Gerade wer begabt ist, muß besonders am Wirklichen arbeiten, feinsinnig Wahrnehmungen sammeln. Ob es zur Ordnung oder zur Verwirrung in unseren Überlegungen kommt, liegt in dem Fähigsein begründet, zu dem wir unser Erkenntnisvermögen ausgebildet haben und nicht in dem, was wir gefühlsmäßig begehren.“ Die Spielregeln, die Ordnung – und das rechte Maß! Alles Ausschweifende, Exzessive, Übermäßige, Gewaltsame, Selbstsüchtige war dem alten Chinesen zuwider. Die berühmte westliche Selbst-Verwirklichung, die Massen mißgelaunter Individuen hinterlassen hat, ist im System der konfuzianischen Lehren vermutlich nur der Irrweg des kleinen Mannes. Ist das nicht ein schöner Satz:

„Wenn unser Handeln uns nicht erfreut, verhungert unser zu Großem beschwingter Lebensodem“? Die Verwirrtheiten des kleinen Mannes beruhen nach Konfuzius auf Nachlässigkeit: „Wenn sein Herz sich weitet, wird er ausschweifend und gewalttätig.“

Was wir tun, darf nicht bloß auf uns selbst bezogen sein (diese westliche Krankheit, alles nur auf sich selbst zu beziehen): „Auch die Gemütsbewegungen haben ihren Platz im Herzen, aber wir dürfen nicht zulassen, daß sie nur auf unser Selbst bezogen sind. Wenn es nämlich dahin kommt, sind wir nicht mehr wandlungsfähig ...“ – „Es ist falsch, im übermäßigen Begehren Befriedigung zu suchen.“ – „Zu den Edlen gehört derjenige, der sich von seinem eigenen süchtigen Begehren zu lösen vermag.“ Und irgendwo finde ich den erstaunlichen Satz: „Das im Begehren Befriedigung suchende Herz ist furchtsam. Feinsinnig aber dasjenige, welches auf die Erkenntnis der Spielregeln gerichtet ist.“

Im Ganzen stimmt diese Lehre von der Schädlichkeit des ausschweifenden Übermaßes und der Selbstbezogenheit mit dem überein, was der Kritiker Kim Uchang von der Korea University mir über die moderne koreanische Literatur im Vergleich zur westlichen gesagt hat: „Was die Inhalte, die allgemeinen Gefühle angeht: es herrscht hier ein größerer Gemeinschaftsgeist. Im Westen zählen mehr die individuellen Belange. Hier orientieren sich die Menschen auf die Gemeinschaft hin, nicht nur in der Literatur, sondern auch im alltäglichen Leben.“

Der Konfuzianismus lehrt aber auch ein System der Unter- und Überordnungen. Sohn unter den Vater, der Jüngere unter den Älteren, die Frau unter den Mann, der Untertan unter den Herrscher.

„Der Konfuzianismus hat die außerordentlichen wirtschaftlichen Erfolge Südkoreas und anderer ostasiatischer Staaten begünstigt. Die konfuzianische Tradition, die dem Lernen und der Bildung einen überaus hohen Stellenwert einräumt, hat in der Bevölkerung ein Bildungsethos erzeugt, das die Grundlage für eine gut ausgebildete Arbeitnehmerschaft war und ist.

Gerade die rohstoffarmen ostasiatischen Staaten demonstrieren die überraschende Bedeutung motivierter und gut ausgebildeter Arbeitskräfte. Die Unterordnung unter das Gruppeninteresse, selbst wenn sie vom Einzelnen Opfer verlangt, ist eine kulturbedingte Zutat zum ostasiatischen Erfolgsrezept. Die soziale Loyalität der Arbeiter richtet sich schnell auf die neu entstandenen Unternehmen, die damit in den Genuß der ehemals dem Monarchen entgegengebrachten Loyalität kommen." (Hanns und Ivo Maull: Korea, München 1987.)

Aus einer Rede zum 50. Geburtstag der *Samsung*-Gruppe, des größten koreanischen Multis: „Ein Unternehmen ist kein unbeseeltes, lebloses Ding. Es ist ein lebendiges Wesen, das seine eigene Persönlichkeit besitzt. Das Leben und die Kräfte des Menschen sind begrenzt, aber ein Unternehmen, obgleich von sterblichen Menschen erschaffen und erhalten, kann ewig leben ... Jeder Mitarbeiter von *Samsung* ist eine lebendige Zelle in einem organischen Körper und als solche ein wichtiger Teil und Beiträger zum Leben des ganzen Unternehmens ... *Samsung* ist ein riesenhaftes, lebendiges Wesen. Es hat eine einzigartige Persönlichkeit, die aus dem Einfallsreichtum und dem Pioniergeist seiner Mitarbeiter genährt wird."

Kyongyu, viereinhalb Stunden südlich von Seoul, war die glänzende Hauptstadt des ehemaligen Königreiches Shilla, das von 57 v. Chr. bis zum Jahre 918 bestand. Heute ist es eine unbedeutende Stadt, aber ehemals sollen 1 Million Menschen hier gelebt haben. In der Nähe gibt es einen der größten buddhistischen Tempel, Pulguksa, und in einer Grotte in den Bergen einen steinernen Buddha, der vor 1000 Jahren gemeißelt wurde. Früher fiel die Morgensonne direkt auf den Edelstein auf der Stirn der Buddhastatue. Leider kann man das Schauspiel heute nicht mehr erleben, denn die Grotte wurde zum Schutz der Statue zugemauert. Ich bin kein Freund von Sehenswürdigkeiten, weil ich sie gar nicht würdig sehen kann. Aber das Museum von Kyongyu gefällt mir. Steinerne Speere, Äxte, Spaten, Spindeln. Bronzene Speere, Äxte, Spaten, Spindeln. In Stein gemeißelte Inschriften. Waffen aus Eisen und Gold. Von dem Eisen ist nicht mehr viel übrig, aber das Gold ist unangetastet. Eine goldene Krone, mit Jadesteinen besetzt. Breite Hüftgürtel aus Gold. Im Hof des Museums eine riesige Glocke aus Bronze. Sie stammt aus dem Jahr 771, ist 23 Tonnen schwer, 3,75 Meter hoch. Dieses seltsame Bedürfnis des vergänglichen Menschen, etwas zu hinterlassen, das ihn überdauert! Selbst die Touristen mit ihren *snapshots* frönen dem noch auf moderne Art.

Drei alte Männer in weißen Gewändern und blauen Schärpen springen trommelschlagend vorbei. Vermutlich haben sie die bösen Geister tatsächlich vertrieben, denn einen Moment später bin ich auf der Schwelle eines kleinen buddhistischen Tempels: bunt und voller Lebensfreude, daß einem das Herz übergeht. Die Turnschuhe der Besucher stehen vor der Tür im milden Frühlingssonnenschein. Das ist eine freundliche und optimistische Art der Anbetung, fühle ich: auf einem roten Kissen im buntbemalten Tempel vor dem goldgestrichenen Buddha zu knien, den Duft der Räucherkerzen in der Nase, vor den frischen Blumen, die den Altar schmücken und mir ewige Verjüngung zu bedeuten scheinen.

In jeder Stadt Afrikas oder Asiens trifft man den jungen Mann, der herumstreicht ohne eine Mark in der Tasche. Er hat kein Mädchen, einen schlecht bezahlten Job und äußert ganz überzeugend die Hoffnung, eines Tages selbst nach Europa oder Amerika zu reisen. Wenn man ihn zum Essen einlädt, findet man garantiert einen Platz, wo die Leute aus der Stadt hingehen. Dieser junge Mann will nach dem Essen ins Bordell. Ich soll ihn einladen. Als ich „No“ sage, trinkt er noch ein Bier auf meine Rechnung, dann wird es ihm „langweilig“, womit er recht hat.

Die Koreaner sind sehr dezent. Keiner glotzt neugierig. Ausgeschlossen. Schon die Art, das Frühstück zu servieren, zeigt Stilgefühl. Die Apfelscheiben sind sorgsam übereinandergelegt, grüne Minzeblätter, etwas flaches Rotes in der Mitte, das fischig schmeckt. In Kyongyu treffe ich Cody, einen Dichter aus Texas.

Er hat sich in eine Koreanerin verliebt, eine vertrackte Geschichte. Sie sind die letzten Fahrgäste in einem Autobus an der Endhaltestelle gewesen, und da standen sie beide „in the middle of nowhere", wie Cody unübersetzbar formuliert. Wir setzen uns in eine billige Cocktail-Bar, und ich trinke Bier. Die ganze Stadt macht einen billigen Eindruck, billige Geschäfte mit billigen Waren, ein schmerzhafter Gegensatz zur großen Vergangenheit der Shilla-Könige, die mit ihren Überbleibseln uns Touristen anlocken. Cody bemüht sich, Jangja, die kein amerikanisch spricht, in die Unterhaltung mit einzubeziehen, indem er jede ihrer Bemerkungen ins Amerikanische übersetzt und jede seiner und meiner Äußerungen ins Koreanische. Da wir nichts Besonderes sagen, wirkt diese Mühe deplaziert. Ich strebe entschlossen die Unterhaltung mit ihm an, während Jangja aus dem Fenster auf die Leuchtreklame *Total Fashion* an der Hauswand gegenüber sieht, und als ich die beiden hinterher zum Busbahnhof begleiten will, sagt er: „No, I want to speak to my friend alone."

„Jangja hat das Zölibat gelobt", sagt Cody. „Sie muß für den Unterhalt ihrer Eltern sorgen. Wenn sie heiratet, wird sie Teil der Familie des Mannes und kann dieser Aufgabe nicht mehr nachkommen. In der Provinz sehen die Leute es nicht gern, wenn die Mädchen mit Weißen gehen. Es bedeutet, daß sie möglicherweise aus der Gemeinschaft ausscheiden, wo jeder seinen festen und notwendigen Platz hat. Sie halten nicht viel von den Weißen. Sie halten sich für die am höchsten entwickelte Rasse. Die Weißen sind für sie noch nahe am Affen, weil sie so viele Haare am Körper haben." Cody hält den kulturellen Unterschied zwischen seinem Land und Korea für beinahe unüberbrückbar, und das wirft ihn in eine finstere, masturbatorische Stimmung. In den USA oder in Texas gibt es nur einen Gott, das Geld, und in Korea hofft Cody, noch Relikte des wirklichen Gefühls und des Menschlichen zu finden. Die Liebe ist in Korea noch eine ernstere Sache, nicht ein Ding, das man nach Laune auflöst. Er liebt Jangja. „Als ich es ihr sagte, wurde sie sehr, sehr ernst. Ihr Gesicht verfinsterte sich, ganz so, als sei sie mir böse." Cody trinkt Gesundheitstee, er verträgt keinen Alkohol. Er will nicht mal, daß ich in seiner Wohnung rauche, eine dieser neusten amerikanischen Unsitten. Später sagt Jangja ihm auch was, und er hat es gleich verstanden. Sie liebt ihn auch. Sie sind im Bus durch einen Tunnel gefahren, und sie hat ihn festgehalten, und er hat sich so glücklich gefühlt. „We had a good time in the tunnel", ein Teenage-Gefühl in meinem Alter, sagt Cody. Er ist 43, und er will Jangja heiraten, wenn es nur irgend möglich ist.

Auf dem Weg zurück nach Seoul sehe ich aus dem Zugfenster, daß alle Häuser neu sind, selbst in den Dörfern. Es gibt nichts Ornamentales, nichts Ehrwürdiges mehr. Was wird aus der konfuzianischen Ehrerbietung den Menschen gegenüber in der Junkfood-Wegwerfgesellschaft? Sie war immer nur ein Ideal, und den Ehrerbietigen ging es materiell nie sehr gut. Da braucht man andere, kältere Tugenden. Die Landschaft besteht aus engen, bebauten Feldern, die von Hügelketten eingeschlossen sind. Es fehlt die Weite und es ist kein Raum für Wildnis. Die Außenbezirke aller Großstädte der Welt sehen mehr oder minder gleich aus, Versorgungsdepots, zerschlissenes Gelände. Näher an Seoul: endlose Appartementblocks. Sie sind numeriert: Nr. 143, Nr. 248, Nr. 639. Ich würde aber nicht von „endlosen Reihen trister Hochhaussiedlungen" reden wie das Merianheft *Südkorea.*

Vor einem Nachtclub haben sie einen Mann mit großer, krummer Pappnase, schwarzer Brille, Bowlerhut und rotem Anzug, der mit bunten flackernden Lämpchen besetzt ist, auf ein Podest gestellt, um die Schelle zu schlagen.

Korea Times, 7. April: „Der Staatsanwalt fordert die Todesstrafe für Ham Hyo-Shik, der verdächtigt wird, eine Kindergärtnerin ermordet zu haben. 'Indem er ein so unmenschliches und brutales Verbrechen beging, hat er aufgehört, ein menschliches Wesen zu sein. Individuen wie Ham müssen gründlich und scharf bestraft werden. Sie gehören aus der menschlichen Gesellschaft ausgemerzt.'"

In einem Kommentar wird im Zuge der politischen Liberalisierung auch eine Änderung in der Behandlung von Kriminellen oder eines Verbrechens Verdächtigter gefordert, die nicht, wie bisher, den ganzen Tag kniend mit gesenktem Kopf zubringen, sondern auch als Bürger mit Rechten angesehen werden sollten.

In der Rubrik *Serious Criminal Offences* weist Süd-Korea für 1987 581 Mordfälle auf – für das ganze Land weniger als in der Stadt Los Angeles, wo man 1987 allein in Bandenkriegen 400 Morde registrierte.

Suez, Ägypten (AP): „Ein Gericht in der Hafenstadt am Roten Meer verurteilte gestern einen Angeklagten südkoreanischer Nationalität wegen Schmuggel von Heroin im Wert von 14 Millionen US-Dollar zum Tode ... Die Polizei hatte einen Tip erhalten und verhaftete Kim Jung-Kil an Bord eines in Panama registrierten Frachters, nachdem sie in seiner Kabine 31 Kilogramm reines Heroin gefunden hatte. Es war die zweitgrößte Menge, die die ägyptische Drogenbehörde seit ihrer Gründung im Jahre 1929 je beschlagnahmt hat. Als der Koreaner vor Gericht sein Urteil hörte, sagte er nur ein einziges Wort auf arabisch: 'Skukran' oder 'Danke schön'."

Noch nie habe ich eine Stadt mit so vielen Universitäten gesehen! Es wimmelt von großartigen Campi, riesigen Bibliotheken, Palästen des Lernens. In Seoul gibt es achtzehn Universitäten, zwei davon reine Frauen-Universitäten. Die Ehwa Women University allein hat 20.000 Studentinnen! Ohne Studium sind die Berufsaussichten sehr schlecht. Es gibt in den 9 Provinzen Koreas je eine staatliche Universität, alle anderen sind privat. Bildung ist ein gigantisches Geschäft. Die Studiengebühren belaufen sich je nach Fach zwischen 1.200 und 2.400 DM im Jahr, was bei einem statistisch errechneten Durchschnittsverdienst des Koreaners von etwa 5.000 DM jährlich nicht gerade wenig ist.

Ich bin mit Chong Hyong-Jong verabredet, einem renommierten Dichter, und, da er seinem Englisch nicht ganz traut, hat er Professor Rhie vom *English Department* mitgebracht. Als ich den Schriftsteller Hwang Suk-yong anrufe, mit seinem Vietnam-Roman *In the Shadow of Arms* immerhin auf Nr. 1 der Sellerliste, und ihn frage, wann wir uns treffen können, sagt er: „Am besten gleich."

Es ist ein wunderschöner milder Frühlingstag, kühl und hell zugleich, als ich nach dem Interview mit Chong und Prof. Rhie vom Campus der Yonsei-University marschiere. Die Studenten lesen Steine auf und schleudern Molotow-Cocktails gegen die behelmten, schwarzgekleideten Polizisten, die mit Schildern und Gasmasken auf der Straße vor dem Campus in Reih und Glied stehen. Das Tränengas zieht runter bis in den U-Bahnschacht, wo gedämpfte Popmusik aus den Lautsprechern kommt. Alle haben Tücher dabei, die sie sich vor Nase und Mund halten, husten und wischen sich die Augen, aber keiner hat was dagegen, keiner schimpft.

Korea ist ein geteiltes Land wie Deutschland, aber im Gegensatz zu Deutschland ist in Korea die Wiedervereinigung ein Ziel derjenigen Kräfte, die als „progressiv" bezeichnet werden: Studenten, Intellektuelle. Diese Kräfte sind in Korea häufig „nationalistisch" gesinnt. Das hat mit der Geschichte des koreanischen Nationalismus zu tun, die grundlegend anders verlief als die deutsche. Wie mir Prof. Baik von der Seoul National University darlegt, hat der koreanische Nationalismus immer den Charakter „legitimer Selbstverteidigung" gehabt: gegen die Japaner, gegen die Chinesen, Russen, Mongolen; außerdem sei Korea schon vor 1000 Jahren eine einheitliche Nation gewesen – im Gegensatz zu Deutschland, das erst 1870 zu einem „Reich" wurde. Ganz verständlich wird mir der koreanische Nationalismus trotzdem nicht. Vielleicht sind wir Deutsche für immer zu weit von solchen Kollektivgedanken entfernt. An den Olympischen Spielen wird beklagt, daß sie die Spaltung vertieft hätten. Die „Show" sei ein Spektakel von Amerikas Gnaden gewesen.

Ich sehe das feingebildete, freundliche Gesicht des alten Gelehrten vor mir, das nicht minder freundliche vornehme Kindergesicht des Dichters Chong Hyon-Jong, der gern trinkt, wie Li-Po, der alte Chinese, „größter Dichter und Trinker", und ich überdenke die interessanten Informationen, die sie mir gegeben haben – wer weiß schon, daß in Korea bewegliche Lettern für den Buchdruck 200 Jahre vor Gutenberg erfunden worden sind? Dazu kommt das ganze Klima des hellen Frühlingstages, der angedeuteten Gewalt und ihrer Berechtigung und der blinkenden Geschäfte dieses östlichen Manhattan – so sitze ich in *Wendys Fastfood,* wo ich meistens zu frühstücken pflege (man bekommt alles in Seoul, nur kein anständiges Frühstück), in der Spätnachmittagssonne und lese Schlagzeilen: *Bauern nehmen Grundbesitzer als Geisel, Ungehöriges Betragen, Wahrscheinlichkeit, an Selbstmord zu sterben, in den USA dreimal so hoch wie an Aids* – als sich eine dieser als sehr schüchtern bekannten Koreanerinnen an meinen Tisch setzt. Sie trägt ein Collegeheft unter dem Arm, viel zu enge Hosen, Jackett und eine beinahe männliche Frisur, die mittels Haarfestiger ihren Halt bekommt. Miss Ko führt mich in ihr 'Lieblingscafé'. Es gibt dort Multivision, Plastik-Stühle und Plastik-Tische. Miss Ko will nicht heiraten. Sie will unabhängig sein. Sie will *travel-guide* werden. Sie hat mich ausgeguckt, um ihr Englisch zu trainieren. Sie sei jetzt mein *guide,* erklärt sie mir. Kostet mich nur ein Abendessen. Kostet mich nur ein Busticket. Die *Independance Hall* liegt eine Autobusstunde südlich von Seoul. In großen, tempelartigen, steinernen Gebäuden wird an den Kampf Koreas für seine Freiheit erinnert. Die Koreaner gehen gern in Museen. Eine endlos lange Schlange schaulustiger Besucher vor den schmalen Sehschlitzen in der Wand, hinter der mit Wachsfiguren die Folterszenen der japanischen Unterdrücker und ihrer koreanischen Opfer nachgestellt sind. Es gibt auch ein *Museum der Gegenwart* mit den Ausstellungsgegenständen: Kofferradio, Telefonapparat, Turnschuhe, Glasfiberkabel, Fernsehapparat, Videokamera, Fernschreiber.

Museum für Moderne Kunst. Die zeitgenössische Kunst ist

international. Also ist es korrekt, daß Kim Cha Sud sein Selbstporträt auf eine Weltkarte schmiert. Nam June Paik, der Video-Künstler, „is at home everywhere and nowhere“. Neben dem Museum werden ein Lunapark und ein Disneyland errichtet. Achterbahn neben einer chinesischen Festung und einem Stück mittelalterlicher europäischer Stadt. Beklemmend macht sich die allgemeine Angleichung bemerkbar, das Verschwinden des Besonderen. Dazu das Wachsen, die „Inflation“ sinnloser Momente, wo das Leben „abwartet“ und stagniert.

Im Fernsehen Boule-Spieler in Arles, Südfrankreich. Bar de la Paix. Hotel Gauguin. Die Stimme im TV ist zwar koreanisch, aber sie spricht weihevoll kulturhaft. Ein Bild von Gauguin füllt einen TV-Schirm.

Itaewon ist das Vergnügungsviertel von Seoul. In der Nähe ist ein US-Stützpunkt. Discos, Bars, Hotels, Cafés, Geschäfte, blinkende Lichter. Ich fahre nach Itaewon, um meinen Dichter zu lesen. Die Rotlichtviertel der Prostitution sind die poetischsten, weil sie den verlassenen, unfähigen Körper ins Spiel bringen,

& das Endlosband im Restaurant, 1. Stock, von dem aus ich die Straßenkreuzung überblicken kann, wiederholt die abgegriffensten Songs,

& mein Dichter sagt: „Die endlose, spröde Materie erinnert an den Tod.“ Manhattan Wear Shop, Paris Croissant, The best bakery in town,

& mein Dichter sagt: „Bis dein Körper tiefe Nacht ist über Wüste und Sand: spiele, übe. Und liebe deine Unwahrhaftigkeit, bis sie aufhört, Unwahrhaftigkeit zu sein.“ Wedding dress, silk dress, „Ihr Foto in fünf Minuten“. „Warum bin ich so heiter? Siehst du, wie die Sonne rennt, bis der Tag ihren gesprenkelten Schwanz packt?“

„Was leuchtet, leuchtet. Was allein ist, ist allein. Warte, bis du singen kannst: Ich bin es, der leuchtet, innerhalb dessen, was leuchtet.“ „Niemand sieht den Schnee, der nachts fällt. Keiner geht darauf, keine Fußspuren. Alles ist still, rein und schön.“ Dichtung, hier in Korea, evoziert gern Sehnsucht nach Reinheit.

Eine Maschine, aus der dauernd Köpfe rauskommen, auf die man mit dem Holzhammer schlagen muß, wenn man gewinnen will: ein Automat, um Geld zu verdienen. (Die Köpfe, die aus den Löchern kriechen, sind nordkoreanische Soldaten, die 1974, 1975, 1978 Tunnel unter die Demarkationslinie hindurchgegraben hatten – auf diese Vorfälle spielt der Automat an.)

& ein Koreaner, der an der Ecke steht & Fremde anspricht, um englisch zu üben,

& die traurigen Augen eines umherstreifenden Mädchens für Geld. Es ist eine prächtige Leistung des Gehirns, dauernd Tausende von Leuten auszusortieren, die es nicht kennenlernen will,

& mein Freund heißt heute abend Black Joker Whisky 40 %,

& wie kaltblütig und warmherzig zugleich sein? „Durch die Luft gleitet ein Projektil aus Stein und das Gerücht geht, es sei politisch“, schreibt der Dichter Chong. „Das Gerücht ist ein Fossil. Alter: unbekannt. Es handelt sich um ‘Schicksal’. Das ist nicht komisch, wie wir wissen.“

Zwei Frauen, die kichernd eingehakt über die Kreuzung gehen,

& die kleine Restaurantangestellte, die so nett *thank you* sagt, als ich das größte Bier bestelle, und die hinten neben dem Klo in der dunklen Ecke „umsonst“ ihr Essen verspeist.

Ein Schwarzer im Fallschirmspringeranzug steigt mit zwei großen Papiertüten aus einem Taxi.

Ein Chor singt: „Wir sind glücklich! Schau, der Chor der glühenden Zigarettenspitzen im Sternbild des Schützen!“

Sonntag. Eine Putzkolonne schrubbt und bürstet mit motorbetriebenen Besen die Gehwege und die Steinverkleidungen vor der *Korean Exchange Bank*. Im Trottoir hat sich eine Platte gelöst. Sie wird langsam und sorgfältig von einem knienden Handwerker neu eingepaßt. Ein Mann mit großer Müllpinzette sammelt die Kippen aus dem Gebüsch. Morgens um sechs fangen sie im Hotel an, mit zischenden Besen den Flur zu scheuern. Miss Ko ruft um 6 Uhr 30 an, weil ich sie gebeten habe, auf Koreanisch mit der Hotelleitung über einen Wochenpreis zu verhandeln. Eine verschlafene Nation hätte natürlich nicht in weniger als dreißig Jahren den Sprung an die *topten* der Industrienationen geschafft, Zuverlässigkeit und Einsatzwille sind in diesem Zusammenhang die Eigenschaften, die gebraucht werden, letztlich die Grundvoraussetzung für den Erfolg.

Miss Ko ist Buddhistin. Nach buddhistischer Lehre stammt alles Leid von der Begierde und vom übermäßigen Willen, ein „Selbst“ zu haben. Wenn der Durst der Begierde überwunden sei, ende auch das Leid. Das Lokal, das Miss Ko mir in ihrer Eigenschaft als mein Privat-*guide* zu besuchen vorschlägt, heißt *Sebastian.* Gemeint ist Sebastian Bach. In der Mitte des Raums ein Flügel, Pianist und Sängerin zur Unterhaltung der Gäste, die überall plaudernd in schummrigen Nischen sitzen. Also, Miss Ko will nicht heiraten, weil sie das unfrei macht. Koreanische Männer seien so eifersüchtig und außerdem habe die Frau ihnen nach traditionellem Gesetz zu gehorchen. Miss Ko weiß nichts von „Liebe“, aber sie hat viele Bücher gelesen, viele, viele Filme gesehen. Ich sage ihr, daß der Körper Zärtlichkeit brauche, weil er sich sonst unglücklich fühle. Sie sei manchmal sehr traurig, sagt Miss Ko, doch in einem solchen Falle würde sie fernsehen oder spazierengehen, laufen, sie würde viel laufen. Auf diese Weise habe sie ganz Seoul kennengelernt, sie würde einen guten *guide* abgeben. Miss Ko erklärt mir ihr Wertsystem 1) *Chastity* gleich Keuschheit, 2) *Constancy,* was soviel wie Beständigkeit bedeutet, 3) *Patience,* Geduld und 4) *Concession* – was meint sie damit? Konzessionen? Zugeständnisse machen, d. h. nicht sich selbst an die erste Stelle setzen? Erstaunlich die Ungebrochenheit, mit der diese Normen vorgetragen werden, als handele es sich um Naturgesetze.

Mir fällt immer wieder auf, daß die westliche Art von Individualismus in Korea nicht vorhanden ist. Jeder geht in Gruppen, Wertordnungen, Firmen, Religionen und in der Familie auf. Das nur auf sich bezogene Einzelwesen existiert nicht. Die absolute Monadisierung (im Westen leben in den Großstädten nach neuesten Statistiken bereits mehr als 40 % der Menschen allein) hat Korea nicht erreicht. Mit dem Fehlen des „Individualismus“ sind gleichzeitig die im Westen überall spürbaren Verfallserscheinungen des Individualismus abwesend, das Großsprecherische kleiner Wesen, die anspruchsvolle Verkommenheit, die im Grunde nicht mehr weiter weiß.

Süd-Korea stellt eine besondere Art schnell wachsenden Kapitalismus dar. Aufgrund einer extrem verfügbaren Bevölkerung, denen in über 1000 Jahren ein System sozialer Normen eingeprägt wurde, in denen neben feinen, formvollendeten, höflichen Zügen auch etwas strikt sich Unterwerfendes enthalten ist, stellt das Land einen Glücksfall dar, ein Schlaraffenland für Investoren, für das internationale Kapital auf der Suche nach geschickten und geduldigen Massen für Fertigungshallen und Montagebänder. Es ist kein Wunder, daß die Olympischen Spiele, die natürlich längst ein gigantisches kommerzielles Unternehmen geworden sind, an einen Musterschüler unter den Industrienationen vergeben worden sind.

Soldaten drängen vor einer Mädchenoberschule behutsam die kichernden, demonstrierenden Teenies in Schuluniform zurück.

Dieser junge Mann im Bus sieht etwas eingezwängt aus in seinem neuen Anzug. Er hat gerade das Studium abgeschlossen und den ersten Job in einer Werbeagentur angetreten. „Ich trage diesen Anzug jeden Tag, außer am Sonntag.“ – „Wie lange arbeiten Sie?“ – Von neun bis sechs.“ – „Auch am Samstag?“ – „Ja. Aber es macht mir nichts aus, denn ich liebe meinen Job.“

Die Leute in der Stadt sind alle picobello herausgeputzt. Pak trägt abgewetzte Hosen. Er riecht. Er hat einen lieben Augenausdruck hinter seinen großen Brillengläsern. „Me ugly man?“ – „Oh, no!“ Die Sonne ist sehr mild und wärmend, eine milde Frühlingssonne, und ich sitze ein paar Meter entfernt von Pak auf den Steinen und schaue auf die Schlucht und auf die gegenüberliegende Talseite, die im Schatten liegt. Es geschieht jetzt häufig, daß der Anblick einer Landschaft mich unbeabsichtigt an eine andere, unterschiedliche und doch ähnliche Landschaft erinnert. Die graue Erde der noch unbepflanzten Reisfelder hat in mir die Erinnerung an verbrannte Hirsefelder im Norden Kameruns wachgerufen. Zum Essen bestellt Pak dann ein säuerliches, alkoholisches Getränk. Es schmeckt ganz genau wie das Hirsebier im Norden Kameruns. Nach dem Essen fahren wir zu einem Dorf, in dem Pak eine Hütte gemietet hat. Die Hunde bellen, die Leute sitzen auf den Türschwellen und blinzeln. Neben einem Stacheldrahtzaun führt ein schmaler Weg bergauf. Wir gehen an dem Zaun entlang, bis er aufhört. Wir steigen steiler bergauf, kommen im Wald unter den Bäumen an drei Grabhügeln vorbei und erreichen einen Bach. Die Felsen im Bachbett sind von dem zu anderen Jahreszeiten reichlich strömenden Wasser glattgewaschen. Wir steigen höher bis zu dem Teil, der in der Sonne liegt.

Wir sitzen auf den Steinen über dem Tal und trinken Soju und kauen getrockneten Fisch und sehen auf die Berge und auf den Bach, der im Taleinschnitt über die Steine nach unten springt.

„In den Vollmondnächten kommen die Schamaninnen hier herauf, um die Steine anzubeten“, sagt Pak.

„Was versprechen sie sich davon?“ frage ich.

„Ach“, sagt Pak, „daß die Tochter ein besseres Universitätsexamen macht vielleicht.“

„Das ist ein Gottesdienst, der mir einleuchtet.“

„Ich mag ihn auch sehr“, sagt Pak.

„Der Buddhismus ist vielleicht eine raffiniertere Form der Anbetung, eine schon höher entwickelte Religion. Sie brauchen schon Häuser zum Beten, sie machen's nicht einfach draußen in der Natur.“

„Buddhismus ist keine Religion, sondern eine Philosophie. Buddha sagt: Glaub nicht an Buddha. Der Buddha, den du dir vorstellst, ist vielleicht nicht Buddha. Glaub an dich selbst!“

„Das klingt sehr modern. Es enthält schon den Zweifel als bewegendes Prinzip.“

„Früher war Korea ein stilles, eremitenhaftes Land.“

„Wie Burma?“

„Mehr als Burma.“

Im Wald unter den Bäumen blühen violett die Azaleensträucher.

„Wir Koreaner glauben, daß diese Blumen aus den Seelen der Menschen wachsen, die unglücklich gestorben sind“, sagt Pak.

„Was heißt unglücklich gestorben?“

„Naja“, sagt er, „diese Blume blüht im April, dem Monat, wo die Leute auf dem Land früher Hunger litten. Die Ernte des letzten Jahres war verzehrt und die neue noch nicht so weit. Viele Menschen starben unglücklich, weil sie hungern mußten. Sie wurden begraben, und neben ihren Gräbern blühten die Azaleen, und ihre Schönheit wirkte so traurig, als käme sie aus den Seelen der unglücklich Verstorbenen. Deshalb fühlen wir Koreaner uns bei ihrem Anblick sehr melancholisch!“

Wir fahren in die Stadt zurück und setzen uns in ein Restaurant. Der Tisch ist mit den üblichen Schüsselchen überladen. Es gibt Kimchi, das sauer eingelegte Gemüse, das mächtig den Appetit anregt, und Bulgogi, feingeschnittenes Rindfleisch. Pak bestellt Soju und trinkt.

„Laß uns über Frauen sprechen“, schlage ich vor.

„Von dem Thema versteh ich nichts“, sagt Pak kategorisch.

Ich esse, aber er ist mehr am Trinken interessiert. Irgendetwas scheint in ihm zu arbeiten, und er säuft in der Hoffnung, es zum Ausdruck bringen zu können. Ich kenne diese Rolle. Ich spiele sie meistens selbst. Im Bus legt Pak kurz seinen Arm um meine Schulter und nimmt ihn gleich wieder weg.

Das letzte Bild, das Abschiedsbild, das sind diese „Berge“, Steinhügel, kleine Schluchten, magere Flüßchen am Rande der Stadt. Ich mache mit Cody, dem Texaner, einen Ausflug. Wir sind mit der immer überfüllten U-Bahn gefahren, in einen Vorortszug umgestiegen und jetzt sind wir in dem Naherholungsgebiet und treffen dort auf Massen von Ausflüglern in Wanderstiefeln mit kleinen Plastikrucksäcken, die uns auf dem breiten Weg bergab entgegenkommen, oder hinter uns bergauf nachdrängen. Im Tal des mageren Flüßchens sitzen Leute auf jedem Stein. Auf dem schmalen Pfad weiter oben kommen uns unaufhörlich Wanderer entgegen, die meisten sehr jung, Kinder fast noch, die neue Generation der Koreaner, ein paar Zehntausende von den zehnmillionen Bewohnern der Hauptstadt Seoul, die immer unterwegs sind, am Sonntag, am Werktag, zum Erholen, zum Lernen, zum Arbeiten. Trotz des Gedrängels zeigen die meisten eine ausgesprochen fröhliche Miene. Manche bleiben stehen, um ein paar Worte englisch anzubringen, andere schwenken eine Flasche Soju und laden auf einen Schluck ein. Diese Massen stimmen nachdenklich, es sind optimistische Massen, wie wir Westler sie eigentlich nicht mehr kennen, beängstigend und beeindruckend zugleich. Korea ist im Aufwind, das Land gilt was, die Leute haben etwas zu tun, eine Perspektive, alles ist neu und besser und anders als in der vorigen Generation und vielleicht genügt das, um zuversichtlich in die Zukunft zu blicken.

Alleinsein mit seinem Blick

Wahrnehmungen während einer Israelreise

Ich fühl mich wohl, wenn ich in Bewegung bin, draußen, was tue. Zieh wieder die zertretenen Reiseschuhe an.

Tel Aviv. Ich weiß nicht genau, was ich hier soll. Die touristischen Stätten interessieren mich wenig. Es gibt schon genug Leute, die sich dafür interessieren. Bildung ist eine Konstruktion, um der Vergangenheit einen Sinn zu geben. Aber wo ist die Gegenwart? Meine Route immerhin ist klar: Tel Aviv, Haifa, Galiläa, Golan, Jerusalem, Totes Meer, Sinai und wieder Jerusalem.

Meine Schrift ist klein und gedrückt. Der Wechsel von Stimmungen und körperlichem Befinden ist „normal“. Ich bin nicht interessiert, äußere Dinge zu sehen (in mir dumpf und zufrieden). Wenn etwas kommt, dann nur von Leuten ... In Tel Aviv sind auffallend viele ältere Menschen unterwegs. Die Häuser sind zweistöckig, weißlich, unverputzt. Die Fenster nehmen die ganze Front ein. Abends, wenn die Luft warm ist wie am Tag, nur ohne das Brennen der Sonne, sitzen die „Familien“ überall hoch oben, fast im Freien.

Ein unbequemer Kurzsitzstuhl. Was ist Gegenwart? Politik hat nichts mit dem bärtigen alten Mann zu tun, der auf seinem Dreiradkarren genüßlich über Tel Avivs Hauptstraße Dizengoff knattert, nichts mit dem Teenager, der sich am Baum lümmelt und auf Mama wartet, nichts damit, daß Jeans und Stöckelschuhe in krassem Farbkontrast, grün zu lila, blau zu rot, Mode sind.

Die Bombe, die in einen Abfalleimer mit leeren Motoröldosen gelegt worden ist, explodiert zwischen zwei Autos.

Der EWG-Abgesandte Gaston Thorn verurteilt in einem Interview, das er in Zypern vor seinem Weiterflug nach Saudi-Arabien gibt, Israels West-Bank- und Jerusalem-Politik und fordert die Errichtung eines unabhängigen Palästinenserstaates.

Abends Dizengoff: Tel Aviv ist „westlich", aber anders als Paris, anders als New York. Es fehlt die ausschließende bürgerliche Arroganz Frankreichs (das Café Royal allerdings, wo ich sitze, ist aus Frankreich importiert, dieselbe räumliche Großzügigkeit, breite Glasfassade), auch die amerikanischen *vibrations* stolzer harter Einzelgänger sind nicht da. Ich bin der einzige, der ganz in Weiß gekleidet ist mit weiten, luftigen Hosen.

Es schlendern vorbei:
ein Paar (er rechts, die Hand in ihrer linken Hintertasche),
zwei Männer,
drei Soldaten,
älteres Paar mit Babykarre,
zwei sehr junge Mädchen,
Mutter und Tochter,
Soldat mit MP und Baskenmütze,
Frau allein,
zwei Frauen mit kleinem Jungen,
zwei Soldaten mit zwei Mädchen,
ein Betrunkener mit einem Schuh in der Hand,
eine Frau in rosa: setzt sich zu einem Alten an den Tisch, der sofort aufsteht und verschwindet. Setzt sich zu einer Gruppe an den Tisch, die sie wegscheucht.

Älterer Mann, der aus der anderen Richtung schon mal vorbeigekommen ist,
zwei Männer mit einer Frau,
Soldat, Arm um Soldatin,
Greise, Greisinnen,
keine Hunde,
keine „typischen deutschen Urlauber",
keine Dirndl,
keine Punks,

Mann mit Schmerbauch, Wunde am Unterarm betrachtend,
kein Griesgram,
keiner mit Psychotenblick,
eine Frau allein, die im Gehen raucht.

Bei einer Fahrt in Richtung Jaffa, dem ältesten Teil von Tel Aviv, sehe ich, daß das Meer von Riesenhotelbauten gesäumt ist. Dizengoff ist die bürgerliche Promenierstraße. Im Süden Tel Avivs breitet sich eine zerschlissene proletarische Zone aus, Lager und Kleinproduktionsstätten, dahinter die neuen Stadtrandblocks wie überall.

Araber in Tel Aviv hockt auf der Absperrung vor einer geschlossenen Kinokasse und hört arabische Musik. Später sagt mir der Busfahrer, daß man in Tel Aviv Araber nicht an ihrem Äußeren erkenne. „Im Bus sind im Moment mindestens zehn."

Natürlich gibt es die Geschichte, die Geschichte der Ruinen, der wechselnden Herrscher, der Vertreibung, Zerstörung, die Geschichte der Besiedlung, des Exodus, der Invasion. Ein Unrecht, das vor der Weltöffentlichkeit moralisch möglich ist oder sogar notwendig erscheint aufgrund eines noch größeren Unrechts, das vorangegangen ist. Natürlich, der Natur des Menschen gemäß, wird dieses Unrecht verdrängt, denn es zählt allein das Recht des faktischen Aufbaus ... Es würde mich nicht wundern, wenn die Israelis eines Tages die Palästinenser umbringen würden.

Am Strand stellt mich ein junger Mann mit vereiterter Unterlippe seinen Freunden mit den Worten vor: „Er ist aus Nicaragua."

Beim Trampen werden die Militärs eindeutig bevorzugt. Ich geb's auf. Alle öffentlichen Plätze wimmeln von Soldaten. Auf dem Busbahnhof laufen sie wie zufällig herum. Nicht zu erkennen, wer gerade Streife geht. Es „reisen" ständig Soldaten durch die Gegend, und sie haben stets ihre MP dabei, selbst als Urlauber.

Der Busfahrer, ein fein aussehender grauhaariger Mann,

spricht deutsch, und er lädt mich ein, neben ihm auf dem Notsitz Platz zu nehmen.

„Sprechen Sie zu Hause deutsch?"

„Ja, mit meiner Frau. Nur wenn wir uns streiten, sprechen wir hebräisch."

Die Straße Tel Aviv–Haifa führt am Meer entlang. Das Land vor den Bergen ist sehr fruchtbar. Eine Baumwollpflückmaschine. „Sie arbeitet wie ein Staubsauger." Bananen, Plastikschutz gegen die Vögel, Salzwasserseen. Zwischenlandestation für die Zugvögel auf ihrem Weg nach Afrika. Störche kreisen.

Kleiner historischer Abriß über das Gebiet zwischen Haifa und Tel Aviv: 1299 verließen die letzten Kreuzritter das Land. Die Mamelucken zerstörten alle Städte und Dörfer, um einer erwarteten neuen Invasion keine Basis zu geben. Die Abflüsse ins Meer versandeten. Der Nil trieb früher, vor dem Bau des Assuandammes, riesige Mengen Sand an die Küsten Palästinas. Als Folge der verstopften Abflüsse entstand ein riesiger Malariasumpf. Das war das erste Land, das die einwandernden Juden Mitte des 19. Jahrhunderts von den Effendis kauften. „Sie lachten über diese verrückten Einwanderer", sagt der Fahrer. „Zehn Jahre später lachten sie nicht mehr. Die Einwanderer hatten Drainagen gelegt und der Sumpf trocknete aus."

Haifa: terrassenförmig, je höher, umso ruhigeres, besseres Wohnen, zwischen vielen Bäumen gelegen, die mit lila blühenden Schlinggewächsen überwuchert sind.

Es muß ein *kick* gewesen sein für die Leute aus dem kalten Norden (dieser Gedanke kam mir, als ich sah, wie aktiv die Alten hier rumhuschen), in diese Bruthitze zu kommen, in dieses Geschäftsgewimmel. Haifa, Kleinhändlerstadt, unendlich viele ärmliche, winzige Lädchen.

An einer Haustür: JOSEF SCHULDENFREI, ADVOKAT.

Auf dem Weg zum Meer sehe ich ein Instandsetzungswerk für Panzer und LKW. Jenseits des Straßendammes, auf dem ich laufe: ein Ziegenhirt mit seiner Herde, unbewegt, auf ausgedörrtem Land mit schäbigen Häusern, zerrostetem Blech als Sonnenschutz.

Der Busfahrer auf dem Weg zum See Genezareth hört die ganze Zeit amerikanische Musik, zum Teil hebräisch gesungen. Klingt irgendwie falsch.

Am Strand bei Haifa fällt mir auf, daß jetzt die Nach-Einwanderer-Generation rummacht; Eingeborene.

Nazareth, ein Provinzflecken. Da kam also der Abweichler her, der sich mit den Händlern anlegte. Wohnwaben, mit denen die Berge bestückt sind. Wie werden die glatten, geometrischen „Neubauten" in zwei Jahrhunderten aussehen, vermutlich nicht sehr gut, und das heißt, unsere Zivilisation ist nicht für lange gemacht.

Morgens: Auf einer gewissen Stufe der Entspanntheit wie jetzt nach meinem Tranxilium-Schlaf wegen der lärmenden Klimaanlage neige ich zu einer Provokation, die ich im nüchternen Zustand, wie ich weiß, nicht durchhalten kann, weil ich auf Dauer gegen die Artillerie der oberflächlichen endlosen „Vernünftigkeit" machtlos bin.

Und er merkte, daß sie ihn mit Gewalt zum König machen wollten und zog sich wieder auf den Berg zurück, um allein zu sein.

Auf der Rundfahrt durch Israel wird man doch stark verurlaubt, d. h. unsensibel und selbstsicher zugleich gemacht. Jede Sensibilität verplumpt.

Eingeschlossen in die Touren der Leute, denen man gerade entgehen will, keine Chance, ein Einzelner zu sein, eingeschlossen in das Besichtigungsgeschwätz, Weg- und Routengeschwätz, Politgeschwätz, Fotografieren von Monumenten mit Mamas Liebling davor.

Ich bin eigenartig: das junge Mädchen, das Max Frisch liest und eine feine Art zu haben scheint und deren Gesicht gleich am ersten Abend aus dem Dunkeln auftaucht, allerdings bloß im Routenaustauschgespräch, meide ich, aus einer merkwürdigen Schüchternheit; obgleich Schüchternheit nicht das Wort ist. Sie scheint mir zu jung, und ich habe Angst vor der Banalität der Worte.

Große Erholung, wieder allein zu sein. Allein unter Fremden und sich nicht all die Unterhaltungen anhören zu müssen: diese banalen Offensichtlichkeiten, Ansichten, ohne Witz, ohne Ironie, ohne Lust und plump bis zur Ekelhaftigkeit.

Die Golanhöhen habe ich mir wegen der Bedeutung, die sie in Berichten einnehmen, größer vorgestellt. Es ist eine nicht sehr hohe, steinige, zum Teil unbewirtschaftete Hügelkette. Vertrocknetes Gras und Disteln. Von „großem strategischen Wert“, weil ganz Nord-Galiläa von dort einzusehen ist. Ehemalige syrische Unterstände und der Hügel, wo die Israelis 1967 gegen die Abwehrflak der Syrer mit Luftunterstützung hinaufgerobbt sind.

Eine der drei Jordanquellen. Das Wasser sprudelt auf einer Breite von 20 Metern unter der Bergwand hervor. Süßlicher Geruch von Feigenbäumen. Hier war ein Pan-Tempel. Die Atmosphäre hat etwas Stilles, Sanftes, beruhigend durch das gleichmäßige Rauschen des Wassers über die Wehre.

Im Vorbeifahren, Kibbuzim: Grenzbefestigungs- und Erschließungsfarmen, neue, einstöckige Kasernen-Häuser.

Die große Sache der Religionen ist der Kult des Unerklärlichen. So auch die Wunder Jesu: Kranke heilen, übers Wasser wandern, Massen mit zwei Fischen und fünf Broten füttern.

Blicke aus dem Bus: Auf den Abhängen zum Jordan hinunter Zäune und Minenfelder, ein Streifen Niemandsland.

Ein Beduinendorf aus lauter Rechtecken. Die Lehmhütten wirken merkwürdig entrückt. Sie haben nicht die Coca-Cola-Schilder.

Ein Eselreiter vor einer Schafherde neben der Straße auf dem gelben Sand.

Baumloses Lehmhüttendorf in der Wüste: direkt daneben die genormten Quaderscheunen und Gewächshäuser der Israelis. Immer das alte Lied der Geschichte: einander ablösende „Kulturen“. Die traurige Verlassenheit zerstörter arabischer

Dörfer bei Jericho. Dunkle Tücher in der Wüste zum Sonnenschutz aufgespannt in den Senken zwischen Steinhügeln.

Weiter mit dem Bus Richtung Jerusalem. Aus dem Lautsprecher: Elvis singt *In the Ghetto.*

„Ich trinke, ich esse, ich rauche Haschisch, ich schlafe. C'est ma vie" (ein Bettler). „Meine Familie lebt schon seit der Vertreibung der Juden aus Spanien vor 500 Jahren hier in Jerusalem" (englisch aussehende Frau).

Mea Shearim. Das Viertel der orthodoxen Juden strahlt auf mich eine große Ruhe aus. Die Frauen in bunt geblümten Kleidern, die Männer in schwarzen Gehröcken (Paletots), die bis zu ihren Knien reichen, schwarzen Hosen oder Kniestrümpfen, mit schwarzen Hüten, Bärten und Schläfenlocken, in Pantoffeln, langsam: „ ... det juckt mir nich", ruhig, ruhig, jiddisch, „hich will nich rredden, hich will nich rredden."

Aero-Kultur: Landwirtschaftsminister Ariel Sharon hat beschlossen, ein neuartiges Programm zu finanzieren, nach dem Pflanzen in dünner Luft und ohne Bodenberührung angebaut werden sollen. Die Wurzeln werden mit angereichertem Sauerstoff ernährt und ihre Versorgung mit „Nebel-Cocktails" elektronisch gesteuert *(Jerusalem Post,* erste Seite).

Über das moralische Problem der Besetzung: „Für die Juden, die jahrhundertelang diskriminiert und verfolgt worden sind, war es undenkbar, dasselbe Leid anderen Menschen zuzufügen. Dies ist nicht die Gesellschaft, die meine Eltern sich vorstellten, als sie vor langer Zeit aus Polen einwanderten", sagt Dr. Ohel von der Universität Haifa. Der Schritt von der Unterdrückung, die die Juden erfahren haben, zur Repression gegen die Palästinenser durch die israelische Regierung ist schrecklich kurz. „Jedes Palästinenserkind", sagt mir eine Jüdin, die mit einem Araber in den Westbanks lebt, „wird kurz nach der Geburt 'gezeichnet'. Es erhält eine Impfnarbe, ähnlich der, die beim Pockenschutzimpfen entsteht."

In der ersten Woche bin ich vollkommen ruhig und verschont vom Begehren, habe auch keine Absicht, was zu unternehmen, aber dann in Tiberias setzt doch der hormongesteuerte Reizmechanismus ein mit den üblichen Schmerzen in der Blase und häufigem Urinierdrang, besonders nachdem ich morgens um fünf über dem See Genezareth im Stehen masturbiert habe. Die orthodoxen Juden mit ihrer klugen Reizvermeidung sind mir sympathisch. Dann treffe ich diese „phallophile", wie sie sich bezeichnet, jüdisch-atheistische Französin ägyptischer Herkunft, und wir ficken nachts unter einem Strauch am Toten Meer, ich steinzeitartig mit grunzenden Lauten.

Sprache und Alphabet sind auch eine Art, sich abzuschließen. Ein Bus hält auf gleicher Höhe mit dem, in dem ich sitze, und beim Hinüberblicken sehe ich in den Augen eines Orthodoxen den Ausdruck geistiger Intensität; sie haben den Dingen dieser Welt entsagt, ganz einfach. Zeigt sich im Blick des alten, dickbäuchigen Orthodoxen im Sabbath-Auftrieb eine Spur von Traurigkeit?

Ein Holländer, der für drei Monate kam und jetzt schon seit fünf Jahren in einem Negev-Kibbuz lebt. Hundertachtzig Tage sei der Kibbuz ohne Nachschub lebensfähig. Es gäbe unterirdische Bunker für alle, wo auch die Waffen eingelagert seien.

Nun hat mich das Fieber doch erwischt: Durchfall, vorsichtige Bewegung, das Nötigste einkaufen, um den Sabbath zu überstehen. Auf den Gedenktafeln zur Geschichte Jerusalems wird ganz selbstverständlich davon ausgegangen, daß in der Stadt nur Juden, Moslems, Christen leben – als gäbe es a-religiöse Menschen nicht. Mir bleibt das meiste unzugänglich, und das liegt wohl auch an der Krankheit in mir, die dazu führt, daß ich mich tapsend bewege. Der Tag ist mir zu lang und zu hell. Gefühl der Isoliertheit. Ist mein Handwerk so gut wie das des nachdenklichen, sorgfältigen Schuhputzers neben mir? Mein ständiges Schlingern zwischen Nähe und Alleinsein, Schmerz und Wohlbefinden; trinke ein Soda und sehe mein Gesicht im schief von der Wand hängenden Spiegel mit Falten und Erschöpfungseinsenkungen.

Politik? Die Leute gehen ihrer Arbeit nach. Arabisch: Frauen sitzen vor ein paar Feigen. Die Situation der Frauen und ihre Verbesserung ist ein Argument der Israelis. Arabische Bettlerinnen: wie ein Haufen weggeworfener schmutziger Tücher vor der Steinwand. In den Kneipen nur Männer – während die jüdischen Mädchen doch wach herumsehen. Alt-Jerusalem ist eine Verbindung von Händlern und Heiligtümern. Einer, der brüllend auf'm Maultier in die enge Gasse galoppiert.

Es sei der Glaube, der dieses Land aufgebaut habe, sagt jemand. Nun, ich spüre keine lebendigen religiösen Ausstrahlungen, bloß versteinerte. Soldaten kleinäugig, engäugig.

Kulturen, die mir verschlossen bleiben: die arabische, jüdische, griechische, russische, chinesische (und wie aufhellen?); vielleicht überbetone ich die Verschlossenheit wegen meiner Alphabetsfixiertheit: hebräisch hat fremde Buchstaben wie arabisch, griechisch, chinesisch, russisch, ein zusätzliches Hindernis und ein zusätzlicher Zaun. Was ist eine Kultur: eine Reihe von fraglos gewordenen Nachahmungen?

Sabbath in En Kerem bei Jerusalem: Es ist schön, dieses Tal und die gegenüberliegenden Hügel, auf die ich hinabsehe. Die Hänge sind terrassiert, und darauf stehen Oliven, Feigen, Nadelbäume, Häuser aus erdfarbenem Stein, aber gleichzeitig ist das Gefühl der Fremdheit da. Sie haben alle ihre Aufgabe, als Franziskaner, Pilger, Kirchenaufseher, Ladenbesitzer, Busfahrer, Erzieher mongoloider Kinder, und einige, die hergehören, haben ihr Haus auf dem Hügel,

und es überkommt mich ein Gefühl der Verlassenheit und der Furcht, wenn ich überlege, was ich bin: gesichert bloß durch Verstrebungen aus Buchstaben, ohne andere Aufgabe als die, die ich mir selber stelle, ohne Besitz als den meiner schwankenden Kräfte gegenwärtiger Wahrnehmung.

Durch meine anti-religiöse Erziehung („Die Priester haben im Krieg die Waffen gesegnet“, sagte meine Mutter. Die übrigen Verwandten waren zu praktisch für ein Jenseitsbedürfnis, der

Kirche kam nur das Beerdigen zu.) geht bei sprechenden Namen wie Gethsemane oder El Aqsa meine Phantasie nicht los, und mit den christlichen fielen auch alle anderen Namen weg. Ich könnte sie jetzt nur wie Vokabeln lernen. Die dicklichen, älteren Pilger fallen für mich auch aus. „Pilgerindustrie". Die jüdische Kultur bleibt mir fremd. Das unbenutzte Minaret, dieser penisförmige Turm mit der großen, schwarzen Türöffnung zur Galerie, aus der nie ein *müezzin* tritt, bewahrt eine unbewegliche Eleganz, ja erreicht sie gerade in seiner Unbenutztheit; und es zeigt auch: Vertreibung, aber diese Wahrnehmung habe ich erst später.

Nach dem Sabbath springen die jungen Leute ins wiederbeginnende Leben des Abends. Die gleichen Mercedesstadtbusse wie in Hamburg. Später höre ich, daß es Wiedergutmachungsgaben sind.

Ein magisch beleuchtetes Busarmaturenbrett, Lichtspot auf die Tickets gerichtet

ein Trupp weiblicher Soldaten patscht vorbei

einstöckige Puppenhäuser, Taverne, Blick in die Tür, wär was für mich

eine Katze, die blitzartig aus einem Müllcontainer springt

PIANOS, TAYLOR, PSYCHIATRIST

Es ist Betrieb, aber die Straßen sind relativ leer

Autos, aber die Fußgänger haben das Übergewicht

Schatten von Begrenzungspfählen

Fahrradklingeln

eine Tür, die versperrt wird

Frauenlächeln

Hebrä-Töne

Spitzkußton

Klappen einer Autotür

meine Schritte

Klappen einer Motorhaube

ging die Straße rauf

Jerusalem Tower Hotel, Stimmengesumm echohallend

durch Untergänge, ein altes rundes Kino,

ENJOY COCAINE, COQUETTE, SALON ORLY

steht auf T-Shirts von Jugendlichen, die forsch ins Kino drängen.

Die Königin von Saba war zweifellos klein, feingliedrig, schwarzhaarig, mit Goldsandalen, sanft nach unten gebogener Nase, schwarzäugig, dunkelhäutig und mit am Oberkiefer leicht nach innen stehenden Zähnen: zwischen rotweißen Coca-Cola-Schildern im Self-Service der Busstation von Eilat.

Ein rasender Autobus auf einer Teerpiste am roten Meer, das blau ist, laut erzählende Frontpassagiere, ein Kamel auf der Straße, dröhnende Hupe. Ein erstarrtes Felsengebirge wie uralte Gehirnwindungen, *The oldest stones on earth.* Ich träume wieder mal, daß ich, ohne ein Wort zu kennen, zum Chinesisch-Examen erscheinen muß.

In der Dämmerung ist das Meer flaschengrün, die grauen Felsen jenseits: Saudi-Arabien. Die Sinai-Berge hinter mir sind schwarz, sie bilden eine scharfe Grenzlinie zu der blendenden Helligkeit des Himmels.

Jerusalem, ländliche Stadt. Ein Brachfeld zwischen jüdisch-orthodoxem und arabischem Teil. Die Menschen gehen alle im Sonntagsstaat zum Jahresendfest. Der Versammlungsraum ist prachtlos. Ich könnte fragen, ob ich an ihrem Gottesdienst teilnehmen darf, will aber nicht entweihen. Helles Weißgrau der Mauern. Ich schreite schreibend den Hügel hoch. Fast keiner außer mir auf der Straße. Ausgeschlossenheit. Im fast schon dunklen Abendlicht strahlt das Weiß der Mauern wie aus sich selber. Ein Katzenkadaver: nein, ein zusammengeknüllter Lumpenhaufen, verwilderte Grabstätten. Ich gehe ein Stück auf der Stadtmauer, es gibt kein Geländer. Schwindel, Angst, brüchige Existenz. Es hätte genügt, daß die unten johlenden Jugendlichen einen Stein nach mir, dem oben Schwankenden, geworfen hätten, und ich wäre in die Tiefe gestürzt.

Blicke auf die weiße, wabenartige, beleuchtete Unterstadt,

wo sie den Wechsel zum Jahr 5741 feiern. Ich allein in einer verwaisten englischen Bierbar unter Lautsprechern, in der Zugluft. Auf keiner Seite außer auf seiner eigenen zu stehen, bringt dekadenten Genußzwang mit sich. Die selbstbewußt auftretende junge Engländerin erklärt mir, daß sie für das *Palestine Press Office* arbeite, Artikel von schlechtem in gutes Englisch übersetze, Anthropologie und Arabisch studiere. „Wenn du das *Palestine Press Office* besuchst, überleg genau, was du von ihnen wissen willst", sagt sie. Ich bin kein Spezialist und die Spezialisierung der Fragestellung ist nicht meine natürliche Art. Auch die politische 'Kultur' hat ihre Regeln und ich denke, sie werden mich lächerlich finden, wenn ich eine Schwäche zeige. So taucht immer wieder als Konstante auf, innerhalb kleiner abgesteckter Zirkel, Gruppen, Volksteile, Parteien, Nationalitäten, einen Beweis einzubringen, den konstanten Beweis einer berechenbaren und überschaubaren Struktur, die man selbst ist.

Was man nicht sehen kann: „Seit den frühen Siebzigern weigern sich die israelischen Behörden, arabischen Bürgern die Erlaubnis zum Bau von Häusern außerhalb der Grenzen arabischer Dörfer zu erteilen. Sie behaupten, daß solche Bauabsichten früheren Bebauungs- und Raumaufteilungsplänen nicht entsprächen."

„Gibt es eine Ähnlichkeit mit der Apartheid-Politik?"

„Ja, das ist oft verglichen worden."

„Was ist mit der Landkonfiszierung? Habt ihr Details? Wie geht sie vor sich?"

„In der Regel nimmt man das Land einfach weg. Etwa fünf Prozent wird gekauft. Man geht soweit, alte 'Grundbucheintragungen' vorzulegen, die die Konfiszierung begründen sollen. Den Arabern gegenüber hat man damit ein Mittel in der Hand, denn sie kennen in der Regel keine Grundbucheintragungen." Zwei Araber, die Land verkauft hätten, wären tot aufgefunden worden.

Ich suche also das Pressebüro, ein paar Jugendliche fragen: „Can I help you?" – „Palestine Press Office", sage ich. Sie winken verächtlich ab. Einer der Mitarbeiter zeigt mir eine

Karte der Westbanks mit zahlreichen eingezeichneten Siedlungen. Dieser Punkt der israelischen Politik ist offensichtlich.

Ich bin umgeben von fünf Schreibtischen. Hinter diesen Schreibtischen sitzen Angestellte, die die Papiere hin- und herbewegen. Tatsächlich bekomme ich keine Konkretisierung der ungerechten Vorgänge. Ich denke, daß diese Intellektuellen selbst bloß ein abstraktes Verhältnis zu den Mißständen haben, von denen sie berichten: ein arabischer Jugendlicher von Polizisten verprügelt, ein Haus niedergebulldozt, weil es keine Baulizenz gab, ein Teil Jordaniens, der jetzt ein Teil Israels ist, weil Israel die Macht hat, es so zu halten und Land, das eingezäunt und bebaut wird von diesen Fremden des neuen Staates, die immer das Argument der Aufbauleistung für sich haben.

Auch die Journalisten, die am Schreibtisch mir gegenüber sitzen und Papiere ordnen, haben ein abstraktes Verhältnis zum Leiden: was ist eine Nachricht über einen zu lebenslänglich Verurteilten im Vergleich zum Leben des Eingemauerten? Doch es ist ihr Job, auf der Nachrichtenebene eine bestimmte Richtung zu verfolgen, was die Dinge vereinfacht, immer mehr vereinfacht, klarer macht, leicht, so daß ein Selbstbewußtsein daraus wird, eine Selbstüberzeugung und ich merke, wie fremd mir das ist.

Ein schönes Zimmer, kühl, groß, fünf Betten, aber ich bin allein, kalter Mosaikfußboden, Wände grün wie gefärbtes Speiseeis, Schwimmhallengrün und rosa, eine anheimelnde schattige nüchterne Atmosphäre. Der Hotelboss schläft im Bett auf dem breiten Flur. Er heißt Kojak.

Der deutsche Student: Ganze Straßenzüge niedergewalzt, alle Leute auf der Straße verhaftet, nachdem ein Israeli erschossen worden sei. Polizisten in der Moschee von Al Chalil (Hebron). Hebron sei das Zentrum des Widerstands in der Westbank. Den Besuchern der Moschee werde ein Papphut auf den Kopf gesetzt, und sie behielten ihre Schuhe an, d. h. es schlichen lauter als Juden verkleidete Touristen rein. Die Araber gingen gerade *ohne* Kopfbedeckung und vor allem *ohne* Schuhe in die Moschee – die umgekehrte Vorschrift der Besatzer sei eine Provokation. Die Politik sei: Druck, Druck, Druck, um die Araber rauszukriegen.

Ein schwarzhaariges Mädchen, das sich in der Grabeskirche Jesu unter einen Pompaltar setzt, um fotografiert zu werden. Ein weißgekleideter hübscher Afrikaner, vor dem Altar erstarrt: goldene Becher, Buchumblättern, unter seiner Soutane ragen verknautschte graue Hosen und Straßenschuhe hervor. Die Golgathakirche ist unterteilt in griechisch, russisch, koptisch, katholisch. Die Menschheit besteht aus lauter Sekten. Habe ich die Religion leerer Bierbars, in denen sofort kassiert wird? Habe ich eine Sex-Religion, süchtiges Bedürfnis nach Erfüllung, nach Alleinsein mit meinen Gedanken? Habe ich die Religion großer leerer französischer Cafés im Nahen Osten, die Religion wortloser Versunkenheit am frühen Morgen, der freien Momente? Habe ich die Religion der Entfremdung von jeder Art Kollektivität?

Frühstück: Tee, Hirsebrot und ein hartes Ei. Die Männer sichtlich entspannt, unter sich zu sein. Ich mag ihre faltigen stoppeligen Gesichter, in denen sich ein gewisser Fatalismus auszudrücken scheint. Der Bus nach Al Chalil wartet abfahrbereit, und es ist gerade noch ein Platz frei.

Eine Straßensperre: Ein Israeligirl als Soldat. Alle Männer müssen raustreten, Frauen und Kinder bleiben im Bus. Die Soldaten nagen kleine gelbrote Äpfel.

Al Chalil. Marktviertel, Busruinen auf dem Bahnhof. Die Stadt macht einen gemeinschaftlichen Eindruck, ein richtig funktionierendes Miteinander, das auch mir ein beruhigtes Gefühl gibt, ich, der Einzelne: die Monstrosität. Sie reden, als komme derselbe Fluß aus verschiedenen Mündern. Praktisch: eine öffentliche Toilette, in der man sich die Füße waschen kann.

Der höchste Tempel von Jerusalem ist das Hilton. Sabbath: Es gibt nicht mal 'n Drink, um die Kehle zu netzen. Ich war ungerecht gegen die kleine engagierte Engländerin. Wenn du mit den Palästinensern lebst, gehst du auf ihre Seite. Dein Blick liefert dir die Besatzungsarroganz.

Der große Raum in Kojaks arabischen Hotel hat jetzt, wo es dunkel ist, eine geheimnisvolle Atmosphäre. Ich träume, wie die Araber ihre Häuser eingerichtet haben mögen – bei ihrer für den Fremden so undurchsichtigen Lebensweise. Die hohen Fenster des Hotels liegen weit zurück in den dicken Mauern. Durch die offene Balkontür dringt Geschrei nach oben. Unter einer Menge von Jugendlichen auf der Straße bahnt sich eine Schlägerei an. Ich gehe aufs Klo, und Kojak, der auf dem Flur schläft, kommt hinterher. *What is happening?* (geflüstert), *Nothing* (geflüstert). Er legt seinen Arm um mich und fragt: *Do you need anything?* Ich denke, daß der Besuch Palästinas jetzt erst beginnen würde oder beginnen könnte.

INHALT